TEORIA CRÍTICA DA RAÇA

Uma Introdução

TEORIA CRÍTICA DA RAÇA

Uma Introdução

3ª EDIÇÃO

Richard Delgado e Jean Stefancic

Tradução: Diógenes Moura Breda

Todos os direitos reservados. Tradução autorizada da edição em inglês publicada pela New York University Press.

Direitos de tradução cedidos pela

Copyright © EDITORA CONTRACORRENTE

Alameda Itu, 852 | 1º andar |
CEP 01421 002
www.loja-editoracontracorrente.com.br
contato@editoracontracorrente.com.br

EDITORES
Camila Almeida Janela Valim
Gustavo Marinho de Carvalho
Rafael Valim

EQUIPE EDITORIAL
COORDENAÇÃO DE PROJETO: Juliana Daglio
REVISÃO: Jussara Lopes
REVISÃO TÉCNICA: Lisliane Pereira
DIAGRAMAÇÃO: Marina Avila
CAPA: Maikon Nery

EQUIPE DE APOIO
Fabiana Celli
Carla Vasconcelos
Fernando Pereira
Lais do Vale

Dados Internacionais de Catalogação na Publicação (CIP)
(Câmara Brasileira do Livro, SP, Brasil)

```
Delgado, Richard
    Teoria crítica da raça : uma introdução / Richard
Delgado, Jean Stefancic ; tradução Diógenes Moura
Breda ; prefácio de Adilson Moreira. -- 1. ed. --
São Paulo : Editora Contracorrente, 2021.

    Título original: Critical race theory
    ISBN 978-65-88470-52-7

    1. Ciências sociais 2. Racismo 3. Teoria crítica
I. Stefancic, Jean. II. Harris, Angela. III. Título.

21-65584                                    CDD-301
```

Índices para catálogo sistemático:

1. Teoria crítica : Sociologia 301

Aline Graziele Benitez - Bibliotecária - CRB-1/3129

@editoracontracorrente
Editora Contracorrente
@ContraEditora

Algumas pessoas veem as coisas como elas são e se perguntam: por quê? Eu sonho com coisas que nunca existiram e me pergunto: por que não?

Robert F. Kennedy, citando
George Bernard Shaw

Para superar o racismo é preciso primeiro considerar a raça. Não há outro caminho.

Harry Blackmun, juiz da Suprema
Corte dos Estados Unidos

SUMÁRIO

APRESENTAÇÃO 11
APRESENTAÇÃO À TERCEIRA EDIÇÃO 15
PREFÁCIO 17
AGRADECIMENTOS 25
CAPÍTULO I – INTRODUÇÃO 27
    1. O que é a teoria crítica da raça? 28
    2. Origens 29
    3. Relação com movimentos anteriores 30
    4. Principais representantes 31
    5. Desmembramentos 32
    6. Princípios básicos da teoria crítica da raça 33
    7. Quanto racismo há no mundo? 36
    8. Como este livro está organizado 38
        Questões e comentários para o capítulo I 39
        Sugestões de leitura 40

CAPÍTULO II – TEMAS CARACTERÍSTICOS DA TEORIA CRÍTICA DA RAÇA 43
    1. Convergência de interesses, determinismo material e realismo racial 44

2. Revisionismo histórico ... 48
3. Crítica do liberalismo ... 49
4. Determinismo estrutural ... 53
   4.1. Ferramentas de pensamento
e o dilema das reformas legislativas ... 54
   4.2. A falácia da empatia ... 55
      Exercício de sala de aula ... 57
   4.3. Servindo a dois senhores ... 58
      Exercício de sala de aula: quem deve dar as ordens? ... 58
   4.4. A legislação de reparações raciais
como dispositivo homeostático ... 59
      Questões e comentários para o capítulo II ... 60
      Sugestões de leitura ... 62

CAPÍTULO III – *STORYTELLING* JURÍDICO E ANÁLISE NARRATIVA ... 65

1. Abrindo uma janela para realidades
ignoradas ou alternativas ... 67
2. Contra-*storytelling* ... 70
3. Cura para o silenciamento ... 70
4. O *storytelling* nos tribunais ... 72
5. O *storytelling* na defensiva ... 73
   Questões e comentários para o capítulo III ... 73
   Sugestões de leitura ... 75

CAPÍTULO IV – OLHANDO PARA DENTRO ... 77

1. Interseccionalidade ... 77
2. Essencialismo e antiessencialismo ... 81
3. Nacionalismo versus assimilação ... 83
Exercício de sala de aula ... 87

    4. Miscigenação 87
    Questões e comentários para o capítulo IV 88
    Sugestões de leitura 90

CAPÍTULO V – O PODER E A FORMA DO CONHECIMENTO 93
    1. O binômio negro-branco 93
    2. Estudos críticos da branquitude 100
        Exercício de sala de aula 106
    3. Outros desdobramentos: o pensamento crítico latino e asiático, a teoria crítica feminista da raça, a teoria LGBT ... 106
        Questões e comentários para o capítulo V 110
        Sugestões de leitura 111

CAPÍTULO VI – CRÍTICAS E RESPOSTAS AOS CRÍTICOS ... 113
    1. Críticas "externas" 113
    2. Críticas "internas" 115
        2.1. A crítica ativista 115
        2.2. A crítica do núcleo intelectual do movimento ... 117
    3. A teoria crítica da raça como método de pesquisa em outros campos do conhecimento e outros países 118
        Exercício de sala de aula 119
        Questões e comentários para o capítulo VI 119
        Sugestões de leitura 120

CAPÍTULO VII – A TEORIA CRÍTICA DA RAÇA HOJE ... 123
    1. A ofensiva da direita 124
    2. Temas centrais 124
        2.1. Raça, classe, proteção social e pobreza 125
        2.2. Atuação policial e justiça penal 129

2.3. Discurso de ódio, direitos linguísticos
e currículos escolares ... 133
2.4. Ações afirmativas e neutralidade racial ... 137
2.5. Globalização e imigração ... 142
2.6. Direitos eleitorais ... 145
3. Identidade ... 146
Exercício de sala de aula: painel sobre
a intersecção de raça e imagem corporal ... 147
4. Análise crítica empírica ... 148
Questões e comentários para o capítulo VII ... 150
Sugestões de leitura ... 153

CAPÍTULO VIII – CONCLUSÃO ... 155
1. O futuro ... 155
2. Uma agenda da teoria crítica da raça para o novo século ... 157
3. Possíveis reações ao movimento da teoria crítica da raça ... 159
3.1. A teoria crítica da raça torna-se a nova
ortodoxia dos direitos civis ... 159
3.2. A teoria crítica da raça é marginalizada e ignorada ... 160
3.3. A teoria crítica da raça é analisada, porém rejeitada ... 161
3.4. Incorporação parcial ... 161
Exercício de sala de aula ... 162
Questões e comentários para o capítulo VIII ... 163
Sugestões de leitura ... 164

GLOSSÁRIO ... 167

APRESENTAÇÃO

Em 1982, eu era estudante de pós-graduação em Ciências Sociais na Universidade de Chicago. Morava na International House, no meio de uma comunidade ativa de estudantes americanos de origem afro-americana, latina, sul-asiática e outras, bem como de estudantes estrangeiros da Ásia, Europa, África e das Américas. Protestávamos e fazíamos piquetes a favor da aplicação de sanções ao regime do apartheid na África do Sul. Vimos Michael Jackson executar seu *moonwalking* pela primeira vez na televisão. Nossos amigos negros[1] homens eram detidos pela polícia por parecerem membros da empobrecida comunidade afro-americana

---

[1] Nesta edição, *negro* foi a tradução escolhida para o termo *black*, que nos Estados Unidos é a denominação para quem se identifica como descendente, em alguma medida, de africanos ocidentais ou subsaarianos. Com o abandono progressivo da *one-drop rule* como critério de classificação racial nos EUA, a categoria *black* tem passado a incorporar indivíduos de ascendência negra africana mas que também possuem herança branca, indígena, latina, asiática, entre outras. Em alguns casos, indivíduos que trazem consigo essa mistura também se identificam como *multirraciais*. No Brasil, a classificação do IBGE para a raça ou cor *negra* engloba pretos – em geral, negros de pele escura – e pardos – em geral, negros de pele clara com alguma outra herança além da negra africana. Para este livro, *pardo* foi a tradução escolhida para o termo *brown*, que nos Estados Unidos é utilizado para identificar indivíduos descendentes de povos da América Latina, Oriente Médio e do Sul da Ásia. Não equivale, portanto, à classificação *pardos* utilizada pelo IBGE no Brasil, mas a uma categoria guarda-chuva para abarcar minorias de pele escura, mas que não possuem traços negros. (N.T.)

que rodeava o Hyde Park. Líamos livros em que as feministas atacavam Freud e as mulheres do Terceiro Mundo desafiavam os gestos piedosos do Primeiro Mundo. E lutávamos com a administração da universidade por nossas demandas de mais programas, mais recursos e mais apoio aos estudantes de minorias raciais do campus.

Em 1983, eu era uma estudante do primeiro ano do curso de Direito na Universidade de Chicago. Na minha turma inicial de cerca de 180 estudantes havia quatro estudantes afro-americanos, incluindo eu mesma, um estudante americano de origem asiática e dois latinos. Todos os nossos professores eram brancos, e, exceto por duas professoras, homens.

Porém, ainda mais desconcertante do que a composição demográfica do curso era a ausência de um debate sobre as relações étnico-raciais, tanto internas quanto internacionais, tal como eu vivenciara na pós-graduação em Ciências Sociais. Nenhum dos meus professores falava de raça ou etnia; o tema era aparentemente irrelevante para o Direito. Da mesma forma, nenhum dos meus professores, no primeiro ano, falava de feminismo ou das questões que afetavam as mulheres. Esses temas também eram, aparentemente, irrelevantes. De fato, os casos e materiais que líamos nunca tratavam de problemas relacionados à desigualdade entre grupos sociais, à diferença sexual ou à identidade cultural. Havia apenas um Direito, um Direito que, em sua majestade universal, aplicava-se a todos, sem consideração de raça, cor, gênero ou credo.

Desorientados e inseguros em relação a nós mesmos, alguns de nós sentimos que algo estava completamente ausente em nossa educação, embora não soubéssemos expressar o que era esse algo que faltava. Fomos procurá-lo fora da sala de aula. Alguns de nós fomos trabalhar no Serviço de Assistência Jurídica Mandel. Conseguimos que a profa. Catharine MacKinnon, pioneira dos estudos feministas no Direito, fosse convidada a falar na universidade (embora não tivesse sido convidada a fazer parte do corpo docente). Conseguimos, também, permissão para a profa. Mary Becker ministrar um seminário sobre jurisprudência feminista (embora o reitor nos tenha perguntado, um tanto confuso, se os autores homens seriam excluídos da bibliografia do seminário).

APRESENTAÇÃO

Em grupos de estudo, começamos a explorar a literatura dos estudos críticos do Direito. Mas não parecia haver literatura crítica sobre a relação entre raça e Direito.

Havia, é claro, legislações que tinham muito a ver com a vida de algumas comunidades minoritárias raciais: leis de combate à pobreza e de proteção social, legislação penal, legislação migratória. Mas não havia, aparentemente, nenhuma linguagem para empreender uma crítica sistemática, baseada na questão racial, do pensamento jurídico e das próprias instituições jurídicas. Como estudantes de Direito do primeiro, segundo e terceiro anos, não tínhamos a menor ideia das discussões em curso na Faculdade de Direito de Harvard a respeito do trabalho e dos ensinamentos de Derrick Bell ou dos poucos estudiosos – a coautora deste livro entre eles – que haviam começado a aplicar as ferramentas da teoria crítica ao Direito. Terminamos nossa formação jurídica sem nunca ter encontrado um lugar em que o discurso sofisticado da crítica racial que vivenciávamos em nosso cotidiano tivesse penetrado no cânone jurídico.

Três anos após ter me formado em Direito, no verão de 1989, fui convidada, como professora de Direito do primeiro ano, a participar do primeiro curso sobre algo chamado "teoria crítica da raça", a ser realizado no Centro St. Benedict, em Madison, Wisconsin. Naquele curso, descobri o que havia faltado para mim como estudante. Conheci algumas das pessoas que, nessa época, começavam a ser reconhecidas em todo o país como grandes figuras intelectuais: Derrick Bell, Kimberlé Crenshaw, Richard Delgado, Mari Matsuda, Patricia Williams. E descobri uma comunidade de acadêmicos que estava inventando uma linguagem e criando uma literatura que era diferente de qualquer coisa que eu houvesse lido em três anos de faculdade de Direito.

Ao entrarmos no século XXI, a teoria crítica da raça não é mais algo novo e segue crescendo e prosperando. A comunidade expandiu-se: acadêmicos, não apenas dos Estados Unidos mas de países como Canadá, Austrália, Inglaterra, Índia e Espanha, agora trabalham dentro da disciplina da teoria crítica da raça. A literatura cresceu em abrangência e profundidade: como este livro indica, não somente os *race-crits*, mas também os *queer-crits*, os LatCrits e as feministas críticas da raça procuram revelar e desafiar as práticas de subordinação facilitadas e permitidas pelo discurso e pelas instituições jurídicas. E, por fim, a recepção a essas ideias tem aumentado. A teoria crítica da raça expandiu-se da estreita subespecialidade de jurisprudência do interesse, em sua maioria, de advogados acadêmicos para literatura relevante em departamentos de Educação, Estudos Culturais, Inglês, Sociologia, Literatura Comparada, Ciência Política, História e Antropologia por todo o país.

É justamente nesse contexto que surge este livro. Richard Delgado e Jean Stefancic escreveram uma cartilha para não profissionais que torna a atualmente extensa literatura da teoria crítica da raça facilmente acessível para iniciantes. Partindo das origens sociais e intelectuais do movimento, passando pelos seus principais temas, debates e métodos, até desembocar em suas perspectivas futuras, Delgado e Stefancic oferecem um guia vivo e lúcido para a teoria crítica da raça e um ponto de partida para leituras e reflexões posteriores. Com a ajuda deste livro, mesmo estudantes que considerem as bibliografias oficiais de seu curso tão estéreis quanto eu as considerei em 1983 poderão encontrar um caminho próprio para um debate intelectual rico e relevante.

A teoria crítica da raça não se propõe a somente tratar a raça como um elemento central do Direito e da política nos Estados Unidos; ela ousa olhar para além da crença popular de que se livrar do racismo significa simplesmente se livrar da ignorância ou incentivar as pessoas a "se darem bem". Ler esta cartilha é sensibilizar-se com o reconhecimento de que o racismo faz parte da estrutura das instituições jurídicas, mas também entusiasmar-se com a criatividade, poder, inteligência e humanidade das vozes que discutem formas de mudar essa estrutura. Na medida em que as relações raciais continuam a moldar nossa vida no novo século – estabelecendo o cenário para novas tragédias e novas esperanças –, a teoria crítica da raça revela-se ferramenta indispensável, capaz de dar sentido a tudo isso.

Continuo guardando minha camiseta do Curso de Teoria Crítica da Raça de 1989. Aposto que um dia ela valerá algo.

Angela Harris

APRESENTAÇÃO À TERCEIRA EDIÇÃO

Desde que publicamos a primeira edição deste livro em 2001, os Estados Unidos atravessaram duas crises econômicas, uma irrupção do terrorismo e o início de uma epidemia de ódio contra imigrantes, especialmente contra latinos indocumentados e pessoas do Oriente Médio. De um ponto de vista mais otimista, o país elegeu e reelegeu seu primeiro presidente negro e promulgou uma medida abrangente de reforma do sistema de saúde, permitindo para muitos dos que antes não tinham planos de saúde o acesso a serviços médicos. Os direitos da população gay avançaram de forma significativa.

A demografia do país também mudou. Os latinos, cerca de 17% da população, são agora o maior grupo minoritário, tendo superado os afro-americanos, que constituem cerca de 13% da população. Os americanos de origem asiática, embora em menor número, cresceram mais rapidamente do que os dois grupos anteriores. Na Califórnia, a soma dessas populações ultrapassa a população branca em número e, talvez, em importância. Outros estados não estão distantes dessa situação.

Os dois mandatos do presidente Barack Obama desencadearam respostas enérgicas através do movimento Tea Party, bem como um recrudescimento do discurso de ódio e da oposição à imigração, algumas delas na forma de blogs, sites da internet e programas de rádio. A globalização, a terceirização e as empresas "maquiladoras" continuaram eliminando dezenas de milhares de empregos, fazendo com que a diferença de renda e riqueza familiar entre a minoria mais rica e o resto da sociedade atingisse um dos níveis mais altos da história. A política de definição de perfis e de tiroteios promovidos pela polícia, a guerra às drogas e o endurecimento das políticas de apenamento agravaram a miséria das minorias e aumentam a população carcerária. Mais de quinze anos depois, muitos desses problemas ainda persistem.

A teoria crítica da raça tem levado em conta todos esses desdobramentos. Como o leitor verá, uma nova geração de pesquisadores vinculados à teoria crítica da raça tem estudado essas e muitas outras questões. Utilizando a mesma linguagem amigável ao leitor, sem chavões e jargões, mas com inúmeros exemplos e trechos de votos de tribunais importantes, a terceira edição apresenta uma atualização de *Teoria Crítica da Raça: Uma Introdução*. O leitor aprenderá sobre novas áreas de pesquisa, incluindo estudos da ação policial, condenação e encarceramento; ambiente universitário; pressões no local de trabalho; discriminação indireta; ações afirmativas; e raça e classe. A teoria crítica da raça continua a se disseminar para outros países; para outras áreas, tais como Sociologia, Educação, Filosofia e Religião; e para círculos políticos, como no caso dos ativistas universitários. Incluímos novas questões para discussão, algumas delas com o objetivo de oferecer aos leitores medidas práticas que possam ser adotadas para fazer avançar uma agenda racial progressista.

PREFÁCIO

Escrever a apresentação de uma obra que sistematiza o marco teórico que utilizamos na nossa produção intelectual é um grande prazer. Escrever o prefácio de uma obra que analisa de forma minuciosa os princípios de uma teoria que abriu a possibilidade de formularmos uma nova visão da realidade social e do nosso lugar dentro dela é uma experiência marcante. Escrever o prefácio de uma obra que tem o potencial de provocar uma mudança significativa no status social dos grupos aos quais pertencemos é uma experiência jubilosa, mas também temerosa. Como escolher entre as suas várias contribuições aquelas que são mais relevantes ou que mais influenciaram o modo como percebemos a realidade?

Após algumas semanas de reflexão, percebi que os questionamentos dos meios a partir dos quais o sistema jurídico interpreta a realidade seriam a melhor maneira de falar sobre esta obra introdutória à Teoria Crítica Racial. Para esse tema convergem muitas questões que se tornaram aspectos centrais dos pressupostos desse movimento intelectual que oferece novos elementos para entendermos a operação do direito como um instrumento de regulação social. Os leitores e leitoras desta obra devem se preparar para uma experiência que questionará muitas das premissas a partir das quais conceberam o funcionamento do sistema jurídico. Nada poderia ser mais necessário no momento no qual vivemos.

As últimas décadas podem ser vistas como um marco importante na reflexão sobre as funções de normas legais em sociedades liberais, consequência das mobilizações políticas de grupos subalternizados em busca de proteção de seus direitos. Muitos avanços foram alcançados, mas a expansão e a consolidação deles encontraram um obstáculo significativo: uma cultura jurídica cujos pressupostos são incompatíveis com as premissas sobre as quais as demandas desses grupos estão baseadas. Esse problema se mostrou de forma bastante evidente nos anos que se seguiram ao fim do sistema legalizado de segregação racial nos Estados Unidos. As medidas inclusivas pelas quais negros lutavam tinham como objetivo a criação de um tipo de igualdade voltado para a equiparação de status entre todos os grupos raciais. Entretanto, muitos tribunais interpretavam a viabilidade delas a partir de uma perspectiva baseada na conjectura segundo a qual as pessoas existem enquanto indivíduos e não como membros de grupos sociais. A concepção das democracias liberais como regimes políticos que permitem a integração de todas as pessoas independentemente de identidades coletivas, surgia então como um grande empecilho para a realização de uma forma de cidadania que deveria incluir também a proteção contra mecanismos de exclusão que possuem um caráter estrutural. Assim, os parâmetros a partir dos quais o sistema jurídico trata essas questões contribuem para a preservação de práticas discriminatórias que não se manifestavam apenas enquanto atos abertos de animosidade contra membros de grupos subalternizados. Essa cultura jurídica impedia até mesmo a possibilidade do reconhecimento de que relações hierárquicas de poder podem existir dentro de sociedades comprometidas com ideais democráticos, posição que caracteriza o pensamento de muitos autores liberais.

Esse problema se mostrava especialmente pronunciado em uma sociedade na qual vigorava um discurso segundo o qual todas as barreiras que impediam a ascensão de pessoas negras tinham sido eliminadas. Se durante algum tempo medidas legislativas e decisões judiciais contribuíram para o desmantelamento do sistema de segregação racial que vigorou naquele país por várias décadas, por outro, o sistema judiciário, ao recorrer ao liberalismo e ao individualismo para examinar questões relacionadas a classificações raciais, impôs limites a uma reforma social que poderia promover formas mais amplas de inclusão racial. Iniciativas que foram adotadas com o objetivo de garantirem

PREFÁCIO

oportunidades acadêmicas e profissionais para membros de grupos raciais subalternizados começaram a ser questionadas judicialmente, movimento que expressava o início da predominância de uma posição cultural e política contrária aos avanços das lutas dos negros ocorridos nas décadas anteriores. O discurso do universalismo dos direitos, a negação da natureza sistêmica do racismo, a utilização de uma concepção procedimental de interpretação jurídica e a defesa da assimilação como meio de integração formavam um arcabouço ideológico que defendia a neutralidade racial como único tipo de justiça social compatível com a tradição política dos Estados Unidos.

No fundo desse conjunto de raciocínios estava a noção de que as identidades e as posições que os indivíduos ocupam dentro das hierarquias sociais não têm qualquer relevância no processo de aplicação e interpretação de normas legais. Teses jurídicas e sociológicas cumpriam um papel central na articulação desses argumentos, principalmente a correlação entre formalismo jurídico e individualismo liberal, pressupostos de posturas interpretativas adotadas por muitos tribunais. Afirmações de que a identidade racial das pessoas pudesse ter algum tipo de relevância para o exercício de direitos não poderia fazer sentido dentro de uma concepção de democracia na qual direitos individuais seriam suficientes para a integração de todas as pessoas. Acadêmicos que lutavam pelo desmantelamento dos mecanismos responsáveis pela reprodução dos sistemas de opressão se viam então diante de um problema que não estava restrito à negação da relevância da raça naquela sociedade. Ele também incluía uma forma de apreensão das relações raciais que pode ser classificada como uma postura epistemológica. Era preciso então estabelecer uma crítica a essas premissas para que o avanço da igualdade racial fosse possível em uma sociedade na qual o racismo tem um caráter sistêmico.

Os autores norte-americanos que iniciaram o movimento da Teoria Crítica Racial enfrentavam os mesmos problemas com os quais acadêmicos negros brasileiros se deparam cotidianamente. O propósito de se estabelecer novos parâmetros para a compreensão da operação do direito só poderia ser alcançado por meio de um minucioso exame do papel da raça no processo de argumentação jurídica. Essa inquirição deveria ser desenvolvida em quatro níveis. Primeiro, uma análise da sua utilização como um critério de diferenciação jurídica entre grupos de indivíduos, ponto de partida para considerações sobre normas jurídicas e práticas sociais que impactam a vida das pessoas de forma distinta. Segundo, seriam necessários estudos sobre meios a partir dos quais essa categoria que define os lugares que as pessoas ocupam dentro da sociedade também influencia os modos como operadores do direito interpretam o princípio da igualdade. Terceiro, a busca de uma concepção de justiça racial emancipatória deveria considerar as articulações estratégicas entre argumentos jurídicos e teses sociológicas na discussão sobre a interpretação da relevância do racismo na realidade social. Quarto, havia a necessidade de examinar os pressupostos epistemológicos a partir dos quais argumentos jurídicos são construídos, uma vez que o objeto deste debate não pode ser separado de uma reflexão sociológica sobre a reprodução do poder. Esses quatro questionamentos não se restringem à discussão sobre a constitucionalidade de medidas de inclusão racial, pois dizem respeito à maneira como o sistema jurídico opera como uma instância de regulação das relações humanas entre os diversos grupos raciais presentes em uma sociedade.

Seguindo avanços teóricos formulados por teorias jurídicas anteriores que apontavam a natureza ideológica da operação do sistema jurídico, professoras e professores negros iniciaram uma ampla reflexão sobre as formas a partir dos quais a articulação entre categorias do pensamento jurídico e processos culturais responsáveis pela construção da raça influenciam decisões judiciais. Eles criaram um movimento intelectual cujo principal objetivo é a reflexão sobre o papel do direito no processo de subalternização de grupos raciais. Os autores e autoras que criaram Teoria Crítica Racial observam que o debate sobre classificações raciais estava construído sobre premissas que não são capazes de promover a igualdade de status entre grupos raciais. Teses tradicionais fundadas no formalismo e no liberalismo não poderiam fornecer parâmetros para uma análise do papel do direito na promoção da igualdade em uma sociedade na qual a cidadania racial ainda estava para ser plenamente alcançada. Essa empreitada intelectual criou as bases para o surgimento de uma escola de pensamento

PREFÁCIO

que tem exercido imensa influência na forma como o sistema jurídico pensa o problema das diferenças sociais responsáveis pela reprodução de sistemas de dominação. A Teoria Crítica Racial está centrada na premissa segundo a qual a experiência social de membros de minorias raciais deve ser um parâmetro para a reflexão jurídica, condição para que o sistema protetivo de direitos presente nas cartas constitucionais possa promover a emancipação de grupos raciais subalternizados.

De forma similar ao que afirmam pensadoras ligadas à filosófica jurídica feminista em relação ao gênero, os intelectuais e as intelectuais que lançaram as bases dessa teoria jurídica defendem a consciência racial como um critério de análise jurídica, algo necessário em uma sociedade na qual o racismo opera como uma instância de reprodução de relações hierárquicas de poder. Essa *race consciousness* designa uma postura heurística relacionada ao reconhecimento de que a raça é uma categoria estruturante de apreensão da realidade pelo sistema jurídico, que ela conforma relações interpessoais entre os membros da sociedade política, que ela determina a forma como agentes que representam instituições públicas e privadas tratam membros de grupos raciais subalternizados, que ela opera como um parâmetro de construção de identidade individuais e coletivas, instituindo a posição que as pessoas ocupam nas hierarquias sociais. Por ser uma maneira de organização do pensamento jurídico, a raça deve ser criteriosamente examinada para que se possa analisar como ela produz diferenciações de status que impedem a realização da igualdade entre os grupos sociais que são estruturados a partir dela.

Por sempre ter sido uma categoria do pensamento jurídico em muitas sociedades liberais, os autores ligados à Teoria Crítica Racial afirmam que a raça cumpre um papel importante na construção de narrativas jurídicas, sendo que muitas delas têm o papel de negar sua relevância como critério de categorização social. Por esse motivo, os professores e as professoras que tiveram um papel de protagonismo no surgimento desse movimento intelectual defendem a necessidade de reconstrução de posturas epistemológicas que estruturam o discurso jurídico. Eles afirmam que a representação dos intérpretes do direito a partir da abstração de um sujeito do conhecimento capaz de analisar a realidade a partir dos princípios da neutralidade e da objetividade levanta uma série de problemas. Essa narrativa se mostra especialmente problemática em uma sociedade na qual membros do grupo racial dominante controlam instituições jurídicas e políticas, situação que permite a construção de normas que expressam os interesses desse grupo de indivíduos. Normas legais institucionalizam sentidos sociais que passam a ser vistos como elementos constitutivos da realidade. Não pode haver neutralidade no processo de interpretação jurídica quando as experiências sociais e demandas de igualdade apresentadas por membros de grupos raciais minoritários raramente fazem parte dos processos nos quais as normas que regulam as relações sociais são produzidas. Os criadores da Teoria Crítica Racial têm contribuído de forma significativa para a reflexão jurídica ao explicitar o caráter narrativo do direito: decisões judiciais podem ser lidas como um tipo de discurso ideológico produzido por membros de um grupo social específico que articulam uma série de premissas jurídicas e sociológicas para determinar a relevância do racismo na sociedade, o que é feito a partir da perspectiva dos que ocupam posições privilegiadas dentro do sistema de hierarquia racial presente na sociedade.

Ao tematizar os meios a partir dos quais aspectos do pensamento jurídico são articulados dentro de discursos baseados em categorias socialmente construídas a partir de relações de poder entre grupos raciais, os fundadores dessa escola de pensamento chamam nossa atenção para os meios pelos quais o pertencimento racial determina a interpretação da igualdade. Eles reagem à predominância da defesa da neutralidade racial, um tipo de discurso que legitima uma interpretação procedimental desse princípio constitucional, uma perspectiva incapaz de promover inclusão em uma sociedade estruturada a partir do racismo. Por esse motivo, a interpretação jurídica não pode ser reduzida a uma operação na qual a objetividade permite a análise neutra de questões jurídicas. Ela deve ser vista como um processo destinado à implementação de uma cidadania igualitária na qual membros de todos os segmentos raciais podem gozar do mesmo tipo de oportunidade e de respeitabilidade social, ideal que o comprometimento com a permanência de uma estrutura de privilégios impede ser alcançado em muitas sociedades liberais.

PREFÁCIO

A publicação da obra de Richard Delgado e Jean Stefancic no Brasil deve ser celebrada pela comunidade acadêmica brasileira por uma série de motivos. Leitores e leitoras terão acesso aos fundamentos de uma escola de pensamento que abre perspectivas para uma nova compreensão do funcionamento do direito enquanto sistema de regulação social em sociedades que possuem uma longa história de hierarquização racial. Esse conhecimento nos mostra o papel que o sistema jurídico tem cumprido na reprodução das diversas relações arbitrárias de poder responsáveis pela estratificação racial. Ao mostrar que a raça é uma construção cultural que decorre de relações hierárquicas de poder, esse movimento intelectual oferece elementos para identificarmos mecanismos de funcionamento do racismo que impedem a construção de uma sociedade realmente democrática. Além disso, os dois autores oferecem subsídios para entendermos como o racismo opera de forma paralela com outros sistemas de dominação, fato responsável pela criação de diferentes tipos de vulnerabilidade dentro de grupos raciais subalternizados. Vemos então que a leitura deste livro terá imensa importância para que possamos desenvolver uma análise crítica dos discursos sobre raça tão comuns na argumentação jurídicas dos tribunais brasileiros.

Esta obra chega em um momento particularmente complexo da nossa história. De um lado temos o avanço do reconhecimento da necessidade de consciência racial por um número cada vez maior de atores sociais. Instituições de ensino superior começam a criar centros de estudos sobre justiça racial; o número de publicações jurídicas sobre regulação jurídica das relações raciais é cada vez maior e elas geram debates sobre essa questão dentro do meio acadêmico e entre tribunais. Entretanto, esse processo tem sido acompanhado pelo arrefecimento da posição daqueles comprometidos com o sistema de privilégios raciais que sempre existiu na nossa sociedade. É certo que eles não o defendem de maneira aberta, nem reconhecem publicamente que se beneficiam dele. Da mesma forma que os conservadores americanos, esses atores sociais recorrem a princípios liberais para defender a igualdade formal como expressão de justiça social. Mais do que isso, eles ainda afirmam a existência de uma suposta superioridade moral dos brasileiros em relação aos americanos porque nunca houve um sistema de segregação racial no nosso país, argumento que demonstra o completo desconhecimento da forma como práticas discriminatórias operam.

Mais uma vez, o livro de Delgado e Stefancic sistematiza uma série de temas centrais da Teoria Crítica Racial, o que permitirá ao leitor ter conhecimento das teses de uma escola que também recorre à crítica da fundação epistemológica do discurso jurídico. O público brasileiro tem acesso a inúmeros autores e teorias que fazem uma crítica da tradição do formalismo jurídico, mas que ainda esposam muitas das premissas do discurso liberal; obras de juristas negros raramente são publicados ou despertam interesse da academia jurídica brasileira. O pensamento dos acadêmicos sintetiza nesta obra crítica uma postura epistêmica que parte da premissa de um sujeito abstrato visto como o ponto de partida para reflexões jurídicas, mas que sempre esteve identificada com certos grupos que ocupam posições privilegiadas nas hierarquias sociais. Dessa forma, esta obra abre espaço para que acadêmicos de diversas áreas possam ter contato com epistemologias alternativas àquelas que representam a sociedade como um conjunto de indivíduos que sempre pautam suas ações a partir de interesses racionais. A publicação da presente obra, além de outras publicações recentes, oferece muitos elementos relevantes para pessoas que estão desenvolvendo trabalhos sobre relações raciais tenham acesso a um arcabouço teórico para desenvolver pesquisas. É comum lermos trabalhos sobre esse assunto que utilizam marcos teóricos cujas teses não são inteiramente compatíveis com as particularidades da questão racial. Acadêmicos de diferentes áreas poderão agora ter acesso a mais uma referência para a elaboração de pesquisas que almejam contribuir para o avanço da justiça racial na sociedade brasileira.

Adilson José Moreira
Maio de 2021

AGRADECIMENTOS

Gostaríamos de agradecer aos inúmeros indivíduos corajosos, de ontem e de hoje, célebres ou não, que têm lutado para fazer do mundo um lugar melhor. Somos particularmente gratos aos diversos escritores das comunidades vinculadas à teoria crítica da raça, ao feminismo e aos estudos críticos do Direito que nos inspiraram, com seus ensinamentos, a pensar sobre a justiça social mais profundamente do que seríamos capazes sozinhos. Agradecemos também a Niko Pfund, ex-editor chefe da New York University Press, por nos encorajar a escrever este livro; a Deborah Gershenowitz, que nos incentivou a elaborar uma segunda edição; e a Clara Platter, que nos motivou a preparar esta terceira. Anna Frederiksen-Cherry, Peter Lee, Dorothea Reiff, Eugenia Jackson, Jami Vigil, Miriam Garza e Jessica Lescau deram suporte editorial e de pesquisa. A Faculdade de Direito da Universidade do Alabama, a Faculdade de Direito da Universidade de Seattle e a Faculdade de Direito da Universidade do Colorado nos disponibilizaram uma estrutura de primeira linha e um ambiente de trabalho intelectualmente estimulante. A Faculdade de Direito da Universidade A&M do Texas e o Instituto de Estudos Avançados deram apoio à pesquisa e nos proporcionaram o tempo de trabalho necessário para a conclusão da edição final.

CAPÍTULO I
INTRODUÇÃO

Pense em situações que podem ocorrer em um dia qualquer. Uma criança levanta a mão várias vezes em uma aula da quarta série; o professor pode ou não a notar. Um comprador entrega ao caixa da loja uma nota de cinco dólares para pagar um pequeno item; o balconista sorri, puxa papo e deposita o troco na mão do comprador, ou não faz nada disso. Uma mulher vai a uma nova concessionária disposta a comprar um carro; os vendedores ficam conversando entre si ou todos se aproximam para tentar ajudá-la. No parque, um corredor cumprimenta brevemente um pedestre que se aproxima; este devolve a saudação ou passa pelo corredor silenciosamente.

Você é uma pessoa branca – a criança, a compradora, o corredor. As respostas são todas de pessoas brancas e todas negativas. Você ficaria aborrecido? Chegaria a pensar, nem que fosse por um segundo, que talvez estivesse recebendo esse tratamento por causa de sua raça? Ou imaginaria que todas aquelas pessoas só estavam num dia ruim? Agora suponha que as respostas sejam de pessoas de minorias raciais. Você ficaria surpreso? Irritado? Deprimido?

Você é de minoria racial e aquelas mesmas coisas acontecem com você, e os atores são todos brancos. Qual é a primeira coisa que vem à sua cabeça? Você imediatamente pensaria que talvez tenha sido tratado daquela maneira por não ser branco? Em caso afirmativo, como você se sentiria? Irritado? Cabisbaixo? Conseguiria deixar isso para lá?

E se as respostas viessem de pessoas de minorias raciais, como você, o que pensaria? Acharia que elas eram de um grupo que não o seu?

Às vezes, ações como as mencionadas são fruto de mera rudeza ou indiferença. O comerciante está com pressa; o pedestre, perdido em pensamentos. Mas, em outros momentos, a raça parece cumprir um papel. Quando isso acontece, os cientistas sociais chamam esses eventos de "microagressões", referindo-se a uma daquelas muitas trocas sociais repentinas, assombrosas ou desalentadoras que marcam o cotidiano das mulheres e das minorias raciais. Como água penetrando por todas as frestas, elas podem ser encaradas como pequenos atos de racismo, perpetrados de forma consciente ou inconsciente, e que brotam das ideias preconcebidas sobre questões raciais que a maioria de nós absorve da herança cultural na qual crescemos nos Estados Unidos. Essas ideias, por sua vez, continuam a orientar nossas instituições civis públicas – governo, escolas, igrejas – e nossa vida privada, pessoal e empresarial.

Às vezes, os atos não são nada micro. Imagine que a mulher ou pessoa pertencente a uma minoria racial, sozinha e ignorada na concessionária, acabe atraindo a atenção de um vendedor. Eles negociam e ela compra o carro. Mais tarde ela descobre que pagou quase mil dólares a mais do que o homem branco médio paga por esse mesmo carro.[2] Um professor de quarta série, pouco antes de iniciar um tópico sobre culturas mundiais, distribui um formulário pedindo às crianças que preencham de onde seus pais "são". A criança radiante que levantou a mão mais cedo hesita, pois sabe que seus pais são imigrantes indocumentados e temem ser descobertos e deportados.

1. O que é a teoria crítica da raça?

O movimento da teoria crítica da raça (TCR) é um coletivo de ativistas e acadêmicos empenhados em estudar e transformar a relação entre raça, racismo e poder. O movimento contempla muitas das mesmas questões que os discursos convencionais sobre direitos civis e os

---

[2] Ver AYRES, Ian, "Fair Driving", *104 Harv. L. Rev.* 817 (1991); LUO, Michael, "'Whitening' the Résumé", *N. Y. Times*, Dec. 5, 2009.

CAPÍTULO I – INTRODUÇÃO

estudos étnicos abordam, mas as coloca em uma perspectiva mais ampla que inclui a Economia, a História, a conjuntura, os interesses coletivos e individuais e também as emoções e o inconsciente. Ao contrário do discurso tradicional dos direitos civis, que enfatiza o gradualismo e o progresso passo a passo, a teoria crítica da raça questiona os próprios fundamentos da ordem liberal, incluindo a teoria da igualdade, o discurso jurídico, o racionalismo iluminista e os princípios neutros do Direito Constitucional.

Após sua primeira década de existência, a teoria crítica da raça começou a se subdividir e agora inclui uma jurisprudência consolidada de americanos de origem asiática, um contingente latino (LatCrit) vigoroso, um grupo LGBT combativo e, ultimamente, um núcleo muçulmano e árabe. Embora os grupos continuem a manter boas relações sob o guarda-chuva da teoria crítica da raça, cada um tem elaborado seu próprio corpo bibliográfico e estabelecido suas prioridades. Por exemplo, os acadêmicos latinos e asiáticos estudam a política de imigração, assim como os direitos linguísticos e a discriminação baseada no sotaque ou nacionalidade. Um pequeno grupo de acadêmicos indígenas americanos se ocupa dos direitos dos povos indígenas, de sua soberania e das demandas sobre terras originárias. Eles também estudam os traumas históricos, seu legado e consequências para a saúde, bem como os símbolos indígenas e a cooptação da cultura desses povos. Acadêmicos com antepassados do Oriente Médio e do Sul da Ásia discutem a discriminação contra seus grupos, especialmente após o 11 de Setembro.[3]

2. Origens

A teoria crítica da raça surgiu nos anos 70, quando uma série de advogados, ativistas e acadêmicos do Direito de todo o país percebeu,

---

[3] Veja, por exemplo, BEYDOUN, Khaled A., "Between Indigence, Islamophobia and Erasure: Poor and Muslim in 'War on Terror' America", *105 California L. Rev.* (2016). Sobre a difusão da teoria crítica da raça para outras disciplinas e países, ver o capítulo 7.

mais ou menos simultaneamente, que os avanços da época dos direitos civis, na década de 1960, haviam estagnado e, sob muitos aspectos, passavam por um retrocesso. Percebendo que novas teorias e estratégias eram necessárias para combater formas mais sutis de racismo que ganhavam terreno, escritores pioneiros como Derrick Bell, Alan Freeman e Richard Delgado colocaram suas mentes a serviço dessa tarefa. Logo se juntaram a eles outros autores e o grupo realizou seu primeiro encontro em um convento nos arredores de Madison, Wisconsin, no verão de 1989. Outras conferências e reuniões foram realizadas. Algumas dessas sessões foram fechadas, nelas o grupo debateu problemas internos e se empenhou em esclarecer questões centrais, enquanto outras foram públicas, eventos de vários dias com painéis, plenárias, palestrantes de destaque e uma ampla representação de acadêmicos, estudantes e ativistas das mais diversas disciplinas.

3. Relação com movimentos anteriores

Como o leitor verá, a teoria crítica da raça se baseia em contribuições de dois movimentos anteriores, os estudos críticos do Direito e o feminismo radical, aos quais deve muito. Também se inspira em certos filósofos e teóricos europeus, como Antonio Gramsci, Michel Foucault e Jacques Derrida, bem como na tradição radical americana exemplificada por figuras como Sojourner Truth, Frederick Douglass, W. E. B. Du Bois, César Chávez, Martin Luther King Jr., e nos movimentos Black Power e Chicano dos anos 60 e início dos anos 70. A partir dos estudos críticos do Direito, o grupo tomou emprestada a ideia de indeterminação jurídica – a ideia de que nem todos os casos jurídicos têm um resultado correto. Ao contrário, na maioria dos casos são várias as decisões possíveis, dependendo da ênfase que se dê a tal ou qual linha argumentativa, ou da maneira como se interpreta um fato, em oposição à interpretação do adversário. O grupo também incorporou o ceticismo a respeito da história triunfalista e a percepção de que precedentes favoráveis, como o caso Brown v. Board of Education, tendem a se desgastar com o tempo e ser eliminados pela interpretação estreita de instâncias inferiores, por medidas dilatórias e atrasos. O grupo se baseou também nas contribuições do feminismo sobre a relação entre poder e a construção de papéis sociais, e sobre o conjunto oculto, em grande medida invisível, de padrões e hábitos que dão forma ao patriarcado e a outros tipos de dominação. Do pensamento convencional dos direitos civis, o movimento assumiu a preocupação de reparar injustiças históricas, bem como a insistência de que as teorias jurídicas e sociais têm consequências práticas. A TCR também compartilhou com esse campo compreensões sobre empoderamento comunitário e de grupo. Dos estudos étnicos foram extraídas noções como o nacionalismo cultural, a coesão de grupo e a necessidade de criar ideias e textos centrados em cada grupo e em sua condição.

4. Principais representantes

O falecido Derrick Bell, professor da Faculdade de Direito de Harvard, mas atuando como professor visitante de Direito na Universidade de Nova York, quando faleceu, em 2011, tornou-se a figura intelectual fundadora do movimento. Mais conhecido por sua tese sobre convergência de interesses, Bell foi autor de muitos dos textos fundacionais da TCR.

Alan Freeman, que lecionou na Universidade do Estado de Nova York, na Faculdade de Direito de Buffalo, escreveu uma série de artigos importantes, incluindo um que demonstrava como a jurisprudência sobre temas raciais da Suprema Corte dos Estados Unidos, mesmo quando aparentemente liberal, legitimava o racismo. Kimberlé Crenshaw, Angela Harris, Cheryl Harris, Charles Lawrence, Mari Matsuda e Patricia Williams também foram figuras de destaque no início do movimento. Incluem-se entre os pesquisadores asiáticos mais importantes Neil Gotanda, Mitu Gulati, Jerry Kang e Eric Yamamoto. O pesquisador indígena americano mais importante é Robert Williams; entre os prolíficos latinos da teoria crítica estão Laura Gomez, Ian Haney López, Kevin Johnson, Gerald Lopez, Margaret Montoya, Juan Perea e Francisco Valdes. Entre os principais acadêmicos negros figuram Paul Butler, Devon Carbado, Lani Guinier e Angela Onwua-chi-Willig. O leitor encontrará com frequência as ideias dessas figuras ao longo deste livro.

O movimento conta com uma série de companheiros de viagem e escritores brancos, com destaque para André Cummings, Nancy Levit, Tom Ross, Jean Stefancic e Stephanie Wildman.[4]

5. Desmembramentos

Embora a TCR tenha começado como um movimento no campo do Direito, disseminou-se rapidamente para além dessa disciplina. Atualmente, muitos acadêmicos da área de Educação se consideram teóricos da TCR e a utilizam para entender questões de disciplina, hierarquia e acompanhamento escolar, ações afirmativas, avaliações de aprendizagem, controvérsias sobre currículo e história, educação bilíngue e multicultural, escolas alternativas e *charter*.[5] Eles discutem o aumento do racismo biológico na teoria e na prática da educação e chamam atenção para uma nova segregação das escolas americanas. Também questionam o currículo anglocentrado e acusam muitos educadores de aplicarem uma escolarização baseada na "teoria do *déficit*" para crianças pertencentes a minorias.

Os cientistas políticos refletem sobre as estratégias de votação formuladas por teóricos críticos da raça, enquanto professores de estudos feministas ensinam sobre a interseccionalidade – a dificuldade das mulheres de minorias raciais e de outras que se encontram na intersecção de duas ou mais categorias. Os cursos de estudos étnicos geralmente possuem uma unidade sobre teoria crítica da raça, e os departamentos de estudos americanos ministram conteúdos sobre

---

[4] Veja também a discussão sobre estudos críticos da branquitude no capítulo 5.
[5] Veja, por exemplo, TAYLOR, Edward, GILLBORN, David & LADSON-BILLINGS, Gloria (Eds.), *Foundations of Critical Race Theory in Education*, 2nd ed., 2015.

estudos críticos da branquitude desenvolvidos por escritores da TCR. Sociólogos, teólogos e especialistas em saúde utilizam a teoria crítica e suas ideias. Filósofos incorporam ideias da teoria crítica da raça para analisar questões tais como a discriminação de pontos de vista e as orientações, valores e o método da filosofia ocidental, questionando se elas são inerentemente brancas.

Ao contrário de algumas disciplinas acadêmicas, a teoria crítica da raça possui uma perspectiva ativista. Ela tenta não apenas compreender nossa situação social mas também modificá-la; não apenas investigar como a sociedade se organiza em função de divisões raciais e hierarquias mas também transformá-la para melhor.[6]

6. Princípios básicos da teoria crítica da raça

Em que teóricos da teoria crítica da raça acreditam? Provavelmente nem todos os escritores concordam com todos os princípios expostos neste livro, mas muitos concordariam com as afirmações a seguir. Primeiro, o racismo é a regra e não a exceção – é a "ciência normal", a maneira habitual por meio da qual a sociedade opera, a experiência comum e corrente da maioria das pessoas de minorias raciais neste país. Em segundo lugar, a maioria concordaria que nosso sistema de ascendência de pessoas brancas sobre pessoas de minorias raciais atende a finalidades importantes, tanto psíquicas como materiais, para o grupo dominante. A primeira característica, sua naturalização, significa que o racismo é difícil de enfrentar ou curar, pois não é reconhecido. A neutralidade racial ou as concepções "formais" de igualdade, que se expressam em regras que insistem em um mesmo tratamento para todas as ocasiões, só conseguem remediar as formas mais flagrantes de discriminação, tais como o *redlining* hipotecário, uma operação anti-imigração em uma fábrica de alimentos que contrata trabalhadores latinos ou a recusa em

---

[6] Sobre a disseminação da teoria crítica da raça para outros países, como Austrália, Brasil, Índia, Nova Zelândia, África do Sul e Reino Unido, veja o capítulo 7.

contratar um doutor negro em vez de um branco sem ensino superior, fatos que se destacam e atraem nossa atenção.

A segunda característica, às vezes chamada de "convergência de interesses" ou determinismo material, agrega uma nova dimensão. Como o racismo promove tanto os interesses das elites brancas (materialmente) quanto os dos brancos da classe trabalhadora (psicologicamente), amplos segmentos da sociedade têm pouco estímulo para erradicá-lo. Considere-se, por exemplo, a afirmação impactante de Derrick Bell[7] de que o caso Brown v. Board of Education – considerado uma grande vitória dos processos pelos direitos civis – pode ter sido resultado mais do interesse próprio da elite branca do que de um desejo de ajudar os negros.

Um terceiro tema da teoria crítica da raça, a tese da "construção social", sustenta que a raça, as raças são produtos do pensamento e de relações sociais. Não são categorias objetivas, inerentes ou fixas, não correspondem a nenhuma realidade biológica ou genética; ao contrário, raças são categorias que a sociedade inventa, manipula ou descarta conforme lhe convém. Pessoas com origens em comum compartilham, naturalmente, certos traços físicos, como a cor da pele, o biotipo e a textura do cabelo. Mas esses traços representam uma porção extremamente pequena de sua bagagem genética, são insignificantes diante do que temos em comum e têm pouco ou nada a ver com atributos especificamente humanos de ordem superior, tais como a personalidade, a inteligência e a conduta moral. Que a sociedade frequentemente decida ignorar essas verdades científicas e, apoiada nessa escolha, crie as raças e atribua a elas características pseudopermanentes é de grande interesse para a teoria crítica da raça.

Outro processo mais recente diz respeito à racialização diferencial e suas consequências. Escritores críticos do Direito e das Ciências Sociais têm chamado a atenção para os modos como a sociedade dominante racializa diferentes grupos minoritários em diferentes circunstâncias, em função de necessidades que se modificam, tais como as do mercado

---

[7] Discutida no capítulo 2.

CAPÍTULO I – INTRODUÇÃO

de trabalho. Em um determinado período, por exemplo, a sociedade ofereceu poucas oportunidades para os negros, mas demandou muitos trabalhadores agrícolas mexicanos ou japoneses. Em outro momento, os japoneses, incluindo cidadãos americanos de longa data, foram bastante prejudicados e confinados em campos de concentração, enquanto a sociedade empregava outros grupos de minorias raciais na indústria bélica ou como bucha de canhão na frente de batalha. Em outra época, muçulmanos eram vizinhos exóticos que iam às mesquitas e rezavam muito – algo estranho, porém inofensivo. Alguns anos mais tarde, eles se transformaram em ameaça à segurança.

As representações populares e os estereótipos de vários grupos minoritários também mudam com o tempo. Em determinada época, pessoas de minorias raciais foram retratadas como tranquilas, humildes e satisfeitas em servir os brancos. Logo em seguida, quando as condições mudam, esse mesmo grupo pode aparecer em desenhos animados, filmes e outras manifestações culturais como ameaçador, brutal e fora de controle, exigindo vigilância atenta. Em certa época, povos do Oriente Médio foram caracterizados como exóticos, figuras fetichizadas que usavam véus, empunhavam espadas de lâminas curvas e invocavam gênios da lâmpada. Posteriormente, depois que as circunstâncias mudaram, apareceram como terroristas fanáticos, loucos religiosos dedicados a destruir os Estados Unidos e matar cidadãos inocentes.

Intimamente relacionadas à racialização diferencial – a ideia de que cada raça tem suas próprias origens e uma história em constante desenvolvimento – estão as noções de interseccionalidade e antiessencialismo. As pessoas não têm uma identidade única, facilmente determinável e uniforme. Uma feminista branca também pode ser judia, parte da classe trabalhadora ou mãe solteira. Uma pessoa afro-americana pode ser homem ou mulher, gay ou heterossexual. Uma pessoa de origem latina pode ser democrata, republicana ou mesmo negra – talvez porque sua família seja oriunda do Caribe. Um asiático pode ser um hmong recém-chegado, de origem rural e não acostumado com a vida mercantil, ou um chinês de quarta geração cujo pai é professor universitário e a mãe, gerente de um negócio. Todos têm identidades, fidelidades e afinidades sobrepostas e potencialmente conflitantes.

Um último elemento diz respeito à noção de voz das minorias. Coexistindo em uma certa tensão com o antiessencialismo, a tese sobre a voz das minorias sustenta que, devido às suas diferentes histórias e experiências com a opressão, escritores e pensadores negros, indígenas americanos, asiáticos e latinos são capazes de comunicar a seus interlocutores brancos questões que estes últimos dificilmente conheceriam. A condição de minoria, em outras palavras, traz consigo uma suposta competência para falar sobre raça e racismo. O movimento do *storytelling* encoraja escritores negros e pardos a relatarem suas experiências com o racismo e com o sistema jurídico e a adotarem sua própria perspectiva na avaliação das narrativas dominantes do Direito. Esse assunto também será abordado mais adiante neste livro.

7. Quanto racismo há no mundo?

Muitos leitores contemporâneos acreditam que o racismo está diminuindo ou que a classe é atualmente mais importante que a raça. E é evidente que linchamentos e outras expressões chocantes de racismo são menos frequentes hoje do que no passado. Além disso, muitos americanos de origem europeia afirmam que têm amigos negros, latinos ou asiáticos. Muitos deles gostam de acompanhar artistas e esportistas negros ou latinos e de ouvir rap. Apesar disso, com base em qualquer indicador social, o racismo continua a arruinar a vida das pessoas de minorias raciais, incluindo aquelas que possuem empregos de alto escalão, até mesmo juízes. Os conflitos entre a polícia e a comunidade nos fazem lembrar diariamente que isso continua ocorrendo.

> Reconheço que sou negro. Não peço desculpas por esse fato óbvio. Tenho orgulho da minha herança, assim como a maioria das outras etnias tem orgulho das delas. No entanto, que a pessoa seja negra não significa... que ela seja antibranca... Como a maioria dos negros, acredito que os caminhos da história deste país estão repletos de casos de injustiça racial...

CAPÍTULO I – INTRODUÇÃO

Assim, um questionamento fundamental que poderia ser deduzido da petição dos réus é: já que os negros (como a maioria dos americanos sensatos) estão a par do "capítulo sórdido da história americana" que é a injustiça racial, os juízes negros não deveriam ser impedidos per se de julgar casos que envolvam alegações de discriminação racial?[8]

Estudos mostram que negros e latinos que procuram empréstimo, apartamento ou emprego estão muito mais propensos a sofrer rejeição, muitas vezes por motivos vagos ou espúrios, do que brancos igualmente qualificados. Até mesmo advogados ou executivos negros ou latinos de alto escalão podem atrair suspeitas ao usar transporte público ou chegar mais cedo que de costume a seu escritório. A população carcerária é em sua maioria preta e parda; os executivos, senadores, cirurgiões e reitores de universidade são quase todos brancos. Nos últimos anos, quase todos os vencedores do Oscar são brancos. Em contrapartida, a pobreza tem um rosto negro ou pardo: as famílias negras possuem, em média, patrimônio cujo valor é cerca de treze vezes menor do que o das famílias brancas. Elas pagam mais por diversos produtos e serviços, incluindo carros. Pessoas de minorias raciais têm vida mais curta, recebem assistência médica pior, têm menos escolaridade e ocupam mais postos de trabalho não qualificado que as brancas. Um relatório recente das Nações Unidas mostrou que a comunidade afro-americana nos Estados Unidos seria a 27ª nação do mundo considerando-se um índice amplo de bem-estar social; latinos estariam na 33ª posição. Estudos feitos a partir do teste de associação implícita (IAT, na sigla em inglês) mostram que uma grande porcentagem de cidadãos americanos tem atitudes negativas em relação a membros de outros grupos. A razão de tudo isso e a relação entre racismo e opressão econômica – entre raça e classe – são temas de grande interesse para a teoria crítica da raça e são abordados mais adiante neste livro.

---

[8] Juiz federal Leon Higginbotham, ao recusar declarar-se impedido de julgar um caso. Commonwealth v. Local Union *542, International Union of Operating Engineers, 388 F. Supp.* 155, 163, 165 (E. D. Pa. 1974).

8. Como este livro está organizado

Teoria Crítica da Raça: Uma Introdução aborda, em linguagem simples e direta, as ideias mencionadas anteriormente e outras ideias que caracterizam a jurisprudência crítica sobre temas raciais. O capítulo 2 apresenta quatro grandes temas desse corpo de pensamento – convergência de interesses ou determinismo material, interpretações revisionistas da história, crítica do liberalismo e determinismo estrutural.

O capítulo 3 retoma o *storytelling*, a contranarrativa e a *narrative turn* em geral; o capítulo 4 trata dos temas complementares de interseccionalidade e antiessencialismo. Também considera o nacionalismo cultural e seu oposto – a ideia de que as minorias deveriam buscar se integrar e se misturar na sociedade dominante. Os imigrantes fragilizam a solidariedade e a identidade americana?

O pensamento racial americano contém um binômio negro-branco implícito, uma dicotomia não declarada na qual a sociedade aparece dividida em dois grupos, brancos e negros, de modo que grupos minoritários não negros, como filipinos ou porto-riquenhos, entram na equação apenas na medida em que são capazes de retratar a si mesmos e seus problemas por analogia aos negros? O capítulo 5 aborda esse assunto, assim como os estudos da branquitude. Os cientistas sociais há muito tempo colocam as minorias sob sua lente, analisando-lhes a cultura, inteligência, motivações, arranjos familiares, a música e muito mais. Recentemente, acadêmicos brancos e não brancos têm mudado de perspectiva e examinado os brancos como um grupo próprio. Um tópico que os estudos críticos da branquitude abordam é se o privilégio branco existe e, em caso afirmativo, em que consiste tal privilégio. O capítulo 5 também analisa pesquisas de outros grupos raciais como os LatCrits e os autores críticos asiáticos e os estudos feministas e dos teóricos LGBT.

Como o leitor pode imaginar, a teoria crítica da raça tem sido objeto de críticas. O capítulo 6 analisa os principais desafios que autores tanto da esquerda como da direita têm apresentado a essa abordagem dos direitos civis, e também inclui respostas a essas objeções. O capítulo

CAPÍTULO I – INTRODUÇÃO

7 apresenta a situação atual da teoria crítica da raça. Também considera alguns dos temas da agenda do movimento, entre eles os discursos de ódio, o ambiente universitário, a justiça penal, a filtragem racial, a meritocracia, as ações afirmativas, a pobreza, a imigração, a segurança nacional e a globalização. O capítulo final arrisca alguns prognósticos sobre o futuro racial do país e o papel da TCR nesse contexto.

O leitor encontrará em cada capítulo perguntas para discussão e uma pequena lista de leituras sugeridas. Incluímos exercícios teóricos e de sala de aula quando achamos que eles seriam úteis para a compreensão do assunto. Também apresentamos trechos de decisões judiciais que ilustram a influência da teoria crítica da raça. No final, incluímos um extenso glossário de termos, muitos dos quais não encontrados neste livro.

Questões e comentários para o capítulo I

1. A teoria crítica da raça é pessimista? Considere que a TCR define o racismo como um fenômeno corriqueiro, normal e incorporado na sociedade e, além disso, que as mudanças nas relações entre as raças (que incluem tanto melhorias quanto mudanças para pior) refletem o interesse dos grupos dominantes e não o idealismo, o altruísmo ou os preceitos do estado de direito (*rule of law*). Ou ela seria uma teoria otimista, por acreditar que a raça é uma construção social? (E, como tal, deve ser submetida a mudanças urgentes).

    E se a TCR tem um lado sombrio, qual a consequência disso? A Medicina é pessimista por se concentrar em doenças e traumas?

2. A maioria das pessoas de minorias raciais acredita que o mundo é muito mais racista do que as pessoas brancas acham. O que explica essa diferença?

3. O que é mais determinante para as oportunidades da vida de uma pessoa: a raça ou a classe?

4. Por que os acadêmicos do campo da Educação, particularmente, acham os ensinamentos da TCR úteis?

5. O racismo é essencialmente um erro cognitivo – um produto da ignorância ou da falta de experiência – e, portanto, corrigível por meio da Educação?

6. Se você é um ativista comunitário, que lições deste capítulo você poderia aplicar a seu trabalho cotidiano?

7. Você já leu algum livro, talvez publicado antes de 1989, que fosse uma obra de teoria crítica da raça, mesmo que não se definisse como tal?

Sugestões de leitura

ASSOCIAÇÃO DE ESTUDOS CRÍTICOS RACIAIS NA EDUCAÇÃO, http://www.crseassoc.org/ (página oficial).

AYRES, Ian, *Pervasive Discrimination: Unconventional Evidence of Racial and Gender Discrimination* (2003).

BELL, Derrick A., *Race, Racism, and American Law* (6th ed., 2008).

BONILLA-SILVA, Eduardo, *Racismo sem racistas: O racismo da cegueira de cor e a persistência da desigualdade na América* (1a ed., 2020).

CARBADO, Devon W. & GULATI, Mitu, *Acting White: Rethinking Race in "Post-Racial" America* (2013; repr. 2015).

CHO, Sumi & WESTLEY, Robert, "Critical Race Coalitions: Key Movements That Performed the Theory", *33 U.C. Davis L. Rev.* 1377 (2000).

CRENSHAW, Kimberlé, GOTANDA, Neil, PELLER, Gary & THOMAS, Kendall (Eds.), *Critical Race Theory: The Key Writings That Formed the Movement* (1995).

CURRY, Tommy, "Will the Real CRT Please Stand Up?", *2 The Crit: J. Crit. Legal Stud.* 1 (2009).

DELGADO, Richard, "Liberal McCarthyism and the Origins of Critical Race Theory", *94 Iowa L. Rev.* 1505 (2009).

CAPÍTULO I – INTRODUÇÃO

DELGADO, Richard & STEFANCIC, Jean (Eds.), *Critical Race Theory: The Cutting Edge* (3rd ed., 2013).

DIXSON, Adrienne D., ROUSSEAU, Celia D. & DONNOR, Jamel K. (Eds.), *Critical Race Theory in Education: All God's Children Got a Song* (2nd ed., 2016).

EDELMAN, Benjamin G., LUCA, Michael & SVIRSKY, Daniel, "Racial Discrimination in the Sharing Economy" (Harvard Business School Working Paper, Jan. 6, 2016).

GELBER, Katharine & MCNAMARA, Luke, "The Effects of Civil Hate Speech Laws: Lessons from Australia", *49 Law & Society Rev.* 631 (2015).

HANEY LÓPEZ, Ian F., "The Social Construction of Race: Some Observations on Illusion, Fabrication, and Choice", *29 Harv. C.R.-C. L. L. Rev.* 1 (1994).

MOSCHEL, Mathias, *Law, Lawyers and Race: Critical Race Theory from the United States to Europe* (2014).

OMI, Michael & WINANT, Howard, *Racial Formation in the United States* (3rd ed., 2014).

PARK, Laurence, DEYHLE, Donna & VILLENAS, Sofia (Eds.), *Race Is… Race Isn't: Critical Race Theory and Qualitative Studies in Education* (1999).

PEREA, Juan F., "Buscando América: Why Integration and Equal Protection Fail to Protect Latinos", *117 Harv. L. Rev.* 1420 (2004).

PEREA, Juan, DELGADO, Richard, HARRIS, Angela, STEFANCIC, Jean & WILDMAN, Stephanie (Eds.), *Race and Races: Cases and Resources for a Diverse America* (3rd ed., 2015).

TRUBEK, David M., "Foundational Events, Foundational Myths, and the Creation of Critical Race Theory, or How to Get Along with a Little Help from Your Friends", *43 Conn. L. Rev.* 1503 (2011).

CAPÍTULO II
TEMAS CARACTERÍSTICOS DA TEORIA CRÍTICA DA RAÇA

Imagine que dois empresários passam por um mendigo em uma rua movimentada do centro. Um deles faz um comentário depreciativo sobre "esses vagabundos que estão sempre pedindo... bem que eles poderiam arrumar um emprego". O amigo o critica pela manifestação de classismo. Ele explica que o morador de rua pode ter ouvido o comentário e se magoado. E ressalta que todos nós devemos fazer um esforço para nos livrarmos do racismo, do classismo e do sexismo, que os pensamentos têm consequências e que a forma como falamos é algo relevante. O primeiro empresário resmunga algo sobre o politicamente correto e faz uma nota mental para não deixar seus verdadeiros sentimentos aparecerem novamente na frente daquele amigo. A condição do mendigo melhora depois disso?

Ou imagine que um grupo de extraterrestres altamente avançado pousasse na Terra e se aproximasse do primeiro ser humano que encontrasse, no caso um morador de rua descansando em um banco de praça. Eles lhe oferecem qualquer uma das três poções mágicas seguintes: a primeira é uma pílula que livrará o mundo de atitudes sexistas e misóginas contra as mulheres; a segunda é uma pílula que acabará com o racismo; a terceira, que acabará com o classismo — atitudes negativas em relação a pessoas de posição socioeconômica inferior. Lançada no sistema de água do planeta, cada pílula irá curar um dos três flagelos de forma eficaz e permanente. O morador de rua escolhe, obviamente, o classismo e joga a pílula número três em um reservatório de água próximo.

A vida de pessoas pobres como ele irá melhorar significativamente no dia seguinte? Provavelmente não. Talvez os pedestres sejam um pouco mais gentis com elas, lhes sorriam com mais frequência, mas se há algo próprio à natureza de nosso sistema capitalista é que ele produz inevitavelmente pobreza e segregação de classe, e continuará a criar e triturar vítimas, independentemente de nossas atitudes em relação a elas. Individualmente, os moradores de rua podem se sentir melhor, mas ainda assim serão moradores de rua. E o sistema de livre iniciativa, que está construído sobre a ideia de vencedores e perdedores, continuará a produzir novos moradores de rua diariamente.

E quanto ao racismo? Suponha que uma pílula mágica como a mencionada anteriormente tenha sido inventada, ou talvez que um empreendedor tenha criado o Seminário Definitivo da Diversidade, um seminário tão eficaz que eliminaria completamente pensamentos desumanos, os estereótipos e as deturpações dos participantes em relação a pessoas de outras raças. Em seguida, o conselheiro de direitos civis da presidência exige que os professores do país apresentem o seminário em todas as salas de aula do ensino fundamental e médio, e também que os principais canais de televisão aberta e a cabo o transmitam em horário nobre.

A vida das pessoas de minorias raciais melhoraria muito com essas medidas?

1. Convergência de interesses, determinismo material e realismo racial

Essa pergunta hipotética levanta uma questão que divide profundamente os pensadores da teoria crítica da raça — na verdade, os ativistas dos direitos civis em geral. Um dos grupos, que podemos chamar de "idealista", sustenta que o racismo e a discriminação são questões de pensamento, de categorização mental, de atitude e de discurso. A raça é uma construção social, não uma realidade biológica, dizem eles. Assim, podemos desarmá-la e privá-la de grande parte de seu veneno transformando o sistema de imagens, palavras, atitudes, sentimentos

CAPÍTULO II – TEMAS CARACTERÍSTICOS DA TEORIA CRÍTICA DA RAÇA

inconscientes, papéis e aprendizagem social pelos quais transmitimos uns aos outros que certas pessoas são menos inteligentes, confiáveis, trabalhadoras, íntegras e americanas do que outras.

Uma outra escola de pensamento – a dos "realistas" ou deterministas econômicos – sustenta que, embora atitudes e palavras sejam importantes, o racismo é muito mais do que um repertório de opiniões desfavoráveis sobre membros de outros grupos. Para os realistas, o racismo é um meio pelo qual a sociedade atribui privilégios e *status*. As hierarquias raciais determinam quem recebe benefícios concretos, incluindo os melhores empregos, as melhores escolas e os convites para festas. Os membros dessa escola de pensamento apontam que o preconceito contra os negros nasceu com a escravidão e com a necessidade de força de trabalho por parte dos capitalistas. Antes disso, os europeus educados tinham, em geral, uma atitude positiva em relação aos africanos, reconhecendo que as civilizações africanas eram altamente avançadas, com amplas bibliotecas e centros de aprendizado. De fato, as civilizações do Norte da África foram pioneiras na Matemática, na Medicina e na Astronomia, muito antes que os europeus tivessem um conhecimento satisfatório dessas ciências.

Os materialistas ressaltam que as nações conquistadoras demonizam universalmente as populações conquistadas para se sentirem mais livres para explorá-las; assim, por exemplo, os agricultores e fazendeiros do Texas e do Sudoeste dos EUA difundiram noções sobre a inferioridade mexicana aproximadamente no mesmo período em que acharam necessário ocupar o território mexicano ou, mais tarde, importar mexicanos como trabalhadores braçais. Para os materialistas, compreender o vaivém dos avanços e retrocessos raciais requer uma análise atenta das condições que vigoram em diferentes momentos da história. A mudança das circunstâncias faz com que determinado grupo considere possível aproveitar-se de ou explorar outro grupo. Eles agem e depois criam atitudes coletivas convenientes para racionalizar o que foi feito. Além disso, o que é válido para a subordinação das minorias também é válido para a reparação a elas: as conquistas dos direitos civis para as comunidades raciais minoritárias coincidem com os ditames do interesse próprio dos brancos. Quase nada ocorre apenas por altruísmo.

Nos primeiros anos da teoria crítica da raça, os realistas eram a grande maioria. Por exemplo, os acadêmicos questionavam se o tão celebrado sistema de reparação dos direitos civis de fato beneficiava minorias raciais. Em um artigo clássico publicado na *Harvard Law Review*, Derrick Bell afirmou que os avanços dos direitos civis para os negros sempre pareceram coincidir com mudanças das condições econômicas e dos interesses das elites brancas. A solidariedade, a compaixão e a evolução dos padrões de consciência e conduta social representaram pouco ou nada. De maneira audaciosa, Bell escolheu o caso Brown v. Board of Education, a joia da coroa da jurisprudência da Suprema Corte dos EUA, e convidou seus leitores a se perguntarem por que o sistema jurídico americano se abriu de repente em 1954. O Fundo de Defesa Jurídica da Associação Nacional para o Progresso de Pessoas de Cor (NAACP, sigla em inglês) vinha litigando com coragem e perseverança em casos de dessegregação escolar há anos, geralmente perdendo ou, na melhor das hipóteses, obtendo pequenas vitórias.

Em 1954, porém, a Suprema Corte inesperadamente concedeu-lhes tudo o que eles queriam. Por que nesse momento? A hipótese de Bell é que considerações mundiais e internas – e não escrúpulos sobre a condição dos negros – precipitaram uma decisão inovadora. Em 1954, a Guerra da Coreia recém havia terminado e a Segunda Guerra Mundial fazia parte de um passado não muito distante. Em ambas as guerras, soldados afro-americanos lutaram corajosamente a serviço da democracia. Muitos deles retornaram aos Estados Unidos após terem vivenciado, pela primeira vez em sua vida, um contexto no qual a cooperação e a sobrevivência haviam prevalecido sobre o racismo. Era pouco provável que retornassem voluntariamente a regimes de trabalho desqualificado e de humilhação social. Pela primeira vez em muitos anos surgiu a possibilidade de protestos internos em massa.

Durante esse período, também, os Estados Unidos estiveram envolvidos na Guerra Fria, uma luta titânica com as forças do comunismo internacional pela influência sobre nações emergentes não alinhadas, muitas das quais eram de maioria negra, parda ou asiática. Não seria apropriado aos interesses dos Estados Unidos se a imprensa mundial continuasse a publicar histórias de linchamentos, de violências perpetradas

CAPÍTULO II – TEMAS CARACTERÍSTICOS DA TEORIA CRÍTICA DA RAÇA

pela Ku Klux Klan e por xerifes racistas. Era o momento de os Estados Unidos flexibilizarem sua postura em relação às minorias domésticas. Os interesses de brancos e negros convergiram por um breve momento.

O artigo de Bell suscitou indignação e acusações de cinismo. Porém, anos mais tarde, a historiadora jurídica Mary Dudziak realizou uma extensa pesquisa documental nos arquivos do Departamento de Estado e do Departamento de Justiça dos EUA. Analisando relatórios da imprensa estrangeira, assim como cartas de embaixadores dos EUA no exterior, ela mostrou que a intuição de Bell estava em grande medida correta. Quando o Departamento de Justiça interveio pela primeira vez a favor da NAACP em um grande caso de dessegregação escolar, estava respondendo a uma enxurrada de cabogramas e memorandos secretos que revelavam o interesse dos Estados Unidos de melhorar sua imagem aos olhos do Terceiro Mundo.

Desde que Bell propôs pela primeira vez a convergência de interesses, os teóricos críticos da raça a têm aplicado para entender muitas das reviravoltas da história jurídica das minorias, incluindo a dos latinos.[9] Outros têm procurado aplicá-la à situação mundial atual, em que os Estados Unidos lutam para fortalecer o islamismo moderado contra sua facção mais fundamentalista.

> A liderança americana no século XXI... significa uma aplicação inteligente do poder militar a liderança mundial dos Estados Unidos em torno de causas corretas... É por isso que seguirei trabalhando para fechar a prisão de Guantánamo. Ela é cara, desnecessária e serve apenas como um panfleto de recrutamento para nossos inimigos...
>
> O mundo nos respeita não apenas por nosso arsenal; ele nos respeita por nossa diversidade, por nossa transparência e pela forma como respeitamos toda fé...

---

[9] Ver, por exemplo, DELGADO, Richard, "Rodrigo's Roundelay: Hernandez v. Texas and the Interest-Convergence Dilemma", *41 Harv. C. R.-C. L. L. Rev.* 23 (2006).

> Sua Santidade, o Papa Francisco, disse a este grupo, do mesmo lugar em que estou esta noite, que "imitar o ódio e a violência de tiranos e assassinos é a melhor forma de assumir seu lugar". Quando políticos insultam muçulmanos, sejam eles estrangeiros ou nossos concidadãos, quando uma mesquita é vandalizada, ou quando uma criança é insultada... isso é... simplesmente um erro. Tais atos nos diminuem aos olhos do mundo. Tornam nossos objetivos mais difíceis de alcançar. Afrontam o que somos como país.
>
> *Presidente Barack Obama, Discurso do Estado da União, 2016*

2. Revisionismo histórico

A análise de Derrick Bell sobre o caso Brown ilustra um segundo tema característico da TCR. O revisionismo histórico reexamina o registro histórico da América, substituindo as interpretações majoritárias e cômodas sobre os acontecimentos por outras que se ajustam com mais precisão às experiências das minorias. Também apresenta evidências, às vezes suprimidas, naquele mesmo registro histórico, para sustentar essas novas interpretações. Os historiadores revisionistas frequentemente se esforçam para desenterrar capítulos pouco conhecidos da luta racial, às vezes com o intuito de fortalecer os atuais esforços por reformas.[10] O revisionismo é normalmente materialista em seu enfoque, e sustenta que para entender os zigue-zagues da condição de negros, latinos e asiáticos é preciso olhar para questões como o lucro, a oferta de trabalho, as relações internacionais e os interesses das elites brancas. Para os realistas, as atitudes acompanham, explicam e racionalizam o que está ocorrendo no âmbito material.

A diferença entre materialistas e idealistas não é uma questão secundária. Ela define a estratégia de como e onde se devem investir as energias do movimento. Se os materialistas estiverem certos, é

---

[10] Ver, por exemplo, os casos Lobato v. Taylor e Mabo v. Queensland, dois processos de reforma agrária citados no capítulo 5.

CAPÍTULO II – TEMAS CARACTERÍSTICOS DA TEORIA CRÍTICA DA RAÇA

preciso mudar as circunstâncias materiais da vida das minorias para que o racismo diminua. Sindicatos, cotas de imigração, o complexo industrial-prisional e a terceirização de empregos na indústria e nos serviços são temas de grande importância nessa perspectiva. No caso dos idealistas, estão no topo das prioridades temas tais como os códigos de fala universitários, as punições para discursos racistas, os estereótipos da mídia, os seminários sobre diversidade, os círculos de cura, a composição dos prêmios do Oscar e o aumento da representação de atores negros, pardos e asiáticos nos programas de televisão. Uma terceira via consideraria ambas as forças, a material e a cultural, operando em conjunto, para que os reformadores raciais das duas áreas contribuíssem para um amplo programa de reforma racial.

> Insultos racistas não são de forma alguma comparáveis a afirmações como "Você é um maldito... mentiroso", que [um manual tradicional] apresenta como exemplo de um "mero insulto". Os insultos racistas são qualitativamente diferentes pois estão associados a toda a história da discriminação racial deste país.[11]

3. Crítica do liberalismo

Como mencionado anteriormente, os acadêmicos da teoria crítica da raça não aceitam o liberalismo como uma abordagem adequada para enfrentar os problemas raciais dos Estados Unidos. Muitos liberais acreditam na neutralidade racial e nos princípios neutros do Direito Constitucional. Eles acreditam na igualdade, especialmente na igualdade de tratamento para todas as pessoas, independentemente de sua história ou condição atuais. Alguns até chegaram a se convencer de que com a eleição de Barack Obama iniciávamos uma fase pós-racial de desenvolvimento social.

---

11 Caso Taylor v. Metzger, *706 A. 2nd 685, 695* (N. J., 1998), citando DELGADO, Richard, "Words That Wound: A Tort Action for Racial Insults, Epithets, and Name-Calling", *17 Harv. C. R.-C. L. L. Rev.* 133, 157 (1982).

A raça branca se considera a raça dominante neste país. E é assim mesmo, em termos de prestígio, conquistas, educação, riqueza e poder... Mas perante a Constituição, aos olhos da lei, não há neste país nenhuma classe de cidadãos superior, dominante e governante. Não há nenhuma casta aqui. Nossa Constituição é neutra quanto à cor, e não distingue nem tampouco tolera a existência de diferentes classes de cidadãos. Em relação aos direitos civis, todos os cidadãos são iguais perante a lei. O mais humilde se iguala ao mais poderoso.[12]

A neutralidade racial pode ser louvável quando, por exemplo, um tomador de decisões do governo se recusa a ceder aos preconceitos locais. Mas pode ser perversa quando, por exemplo, impede que se levem em conta diferenças para auxílio a pessoas carentes. Uma versão extrema da neutralidade racial, encontrada em certas manifestações atuais da Suprema Corte, alega que é errado para o Direito considerar qualquer aspecto relativo à raça, mesmo que seja para reparar um erro histórico. Os teóricos da teoria crítica da raça (ou *"crits"*, como às vezes são chamados) afirmam que a neutralidade racial nos permitirá corrigir apenas os danos raciais extremamente gritantes, aqueles que todos notariam e condenariam. Mas se o racismo está enraizado em nossos processos de pensamento e estruturas sociais tão profundamente quanto muitos *crits* acreditam, então os "assuntos cotidianos" da sociedade – as rotinas, práticas e instituições com as quais contamos para fazer o mundo funcionar – manterão as minorias em posições subordinadas. Somente esforços agressivos e conscientes que levem em conta as minorias poderão mudar a maneira como as coisas são no sentido de amenizar a miséria. Como exemplo de uma dessas estratégias, um acadêmico da teoria crítica da raça propôs que a sociedade "olhe para baixo" ao analisar novas leis. Caso não aliviem o sofrimento do grupo mais pobre – ou, pior ainda, o agravem –, deveríamos rejeitá-las. Embora a neutralidade racial pareça estar firmemente arraigada no Judiciário, alguns juízes abriram exceções em circunstâncias incomuns.

---

[12] Juiz da Suprema Corte John Harlan, em voto divergente, no caso Plessy v. Ferguson, *163 U. S.* 537, 545 (1896).

CAPÍTULO II – TEMAS CARACTERÍSTICOS DA TEORIA CRÍTICA DA RAÇA

Estamos cientes de que a Suprema Corte afastou o argumento da necessidade de modelos representativos a servir de exemplo [*role model argument*], considerando-o discriminação reversa... O argumento para o tenente negro não é dessa natureza. Duvidamos que a maioria dos detentos dos campos de treinamento tenham a ambição de se tornarem oficiais penitenciários, embora, sem dúvida, alguns a tenham... Os tenentes negros são necessários porque se acredita ser improvável que os detentos negros aceitem o jogo entre sargento cruel e recruta humilhado a menos que haja alguns negros no comando. Isso não é apenas especulação, mas está respaldado por evidências de peritos que os autores não contestaram. Os peritos da defesa... não se basearam em generalidades sobre o equilíbrio ou diversidade racial; aliás, nem sequer defenderam um objetivo de equilíbrio racial. Eles opinaram que o campo de treinamento de Greene County não teria tido o mesmo êxito em sua missão de reformar e pacificar detentos caso um homem negro não houvesse sido nomeado para uma das vagas de tenente. Se isso não tivesse ocorrido, uma equipe de segurança com menos de 6% de negros (4 negros para 71 brancos), e sem nenhum supervisor negro, administraria um programa para uma população carcerária quase 70% negra...

Consideramos... que... a preferência que a administração do campo de treinamento de Greene County deu a um candidato negro do sexo masculino para uma vaga de tenente em razão de sua raça não foi inconstitucional.[13]

Os *crits* desconfiam de outro pilar liberal: os direitos. Particularmente, alguns dos estudiosos mais antigos e radicais da TCR, com origens no realismo racial e em uma visão econômica da história, acreditam que os direitos morais e legais tendem a fazer muito menos pelos titulares dos direitos do que geralmente acreditamos. Em nosso sistema, os direitos são quase sempre processuais (por exemplo, a um processo justo) em vez de substantivos (por exemplo, à alimentação, moradia ou educação). Pense em como esse sistema enaltece o fato de

---

[13] Juiz da Suprema Corte Richard Posner, caso Wittmer v. Peters, *87 F. 3d* 916, 919–20 (7th Cir., 1996).

proporcionar a todos igualdade de oportunidades mas tem resistência a programas que garantem a igualdade de resultados, tais como ações afirmativas em faculdades ou universidades de elite, ou esforços para equalizar o financiamento das escolas públicas entre os distritos de uma região. Além do mais, os direitos são quase sempre restringidos quando entram em conflito com os interesses dos poderosos. Por exemplo, o discurso de ódio, que tem como alvo principalmente minorias, gays, lésbicas e outras pessoas marginalizadas, é protegido por lei, enquanto o discurso que ofende os interesses dos grupos poderosos conta com uma exceção preparada na Primeira Emenda. Pense, por exemplo, na fala que insulta um juiz ou outra figura de autoridade, que difama uma pessoa rica e bem conceituada, que divulga um segredo de Estado, ou que faz propaganda enganosa de produtos, prejudicando, dessa maneira, uma grande quantidade de consumidores de classe média. Pense na fala que viola os direitos autorais de uma editora poderosa ou de um autor famoso.

Além disso, afirma-se que os direitos são excludentes. Que afastam as pessoas umas das outras – "fique longe, eu tenho meus direitos" – em vez de encorajá-las a criar comunidades solidárias e respeitosas. E que, com os direitos civis, os tribunais inferiores não têm tido dificuldades em restringir ou afastar o efeito vinculante de uma decisão ampla e marcante como a do caso Brown v. Board of Education. O grupo que, supostamente, é sempre beneficiado celebra casos como o Brown. Mas depois que a festa termina e as luzes se apagam, os avanços alcançados são silenciosamente limitados por interpretações restritivas, obstrução administrativa ou atraso. No fim das contas, a situação do grupo minoritário melhora pouco em relação à situação anterior, isso quando não piora. Seus amigos, os liberais, acreditando que o problema foi resolvido, seguem para uma outra campanha, por exemplo, pela salvação das baleias, enquanto seus adversários, os conservadores, furiosos por a Suprema Corte dar, mais uma vez, lugar a minorias não merecedoras, intensificam sua resistência.[14]

---

[14] Ver ROSENBERG, Gerald N., *The Hollow Hope: Can Courts Bring About Social Change?* 2nd ed., 2008.

CAPÍTULO II – TEMAS CARACTERÍSTICOS DA TEORIA CRÍTICA DA RAÇA

Para que o leitor não pense que os *crits* são muito duros com os liberais bem-intencionados, considere-se que, nos últimos anos, o movimento flexibilizou um pouco suas posições. Quando despontou nos anos 70, o liberalismo complacente e recuado representou o principal impedimento ao progresso racial. Hoje em dia, esse obstáculo foi substituído por um conservadorismo desenfreado que coopta a linguagem de Martin Luther King, Jr.; não tem grande utilidade para as lutas por proteção social, ações afirmativas ou outros programas vitais para os pobres e minorias; e quer militarizar a fronteira e fazer com que todos falem inglês, quando as empresas estão clamando por trabalhadores com proficiência em língua estrangeira.

Outros conservadores aproveitaram a eleição do presidente Barack Obama para declarar que a América é agora uma sociedade pós-racial e que, portanto, já é hora de os negros e outras minorias pararem de reclamar e arregaçarem as mangas como qualquer outra pessoa. Os benefícios sociais, dizem eles, criam apenas dependência e ociosidade. Como a maioria dos teóricos da teoria crítica da raça acredita que as coisas são mais complicadas do que isso, muitos deles deixaram de mirar no liberalismo e em seus males e passaram a encarar a maré conservadora. E um certo grupo ainda considera que os direitos não são uma armadilha ou uma ilusão; ao contrário, eles podem trazer ganhos genuínos, na medida em que a luta para obtê-los unifica o grupo em um sentido de ação coletiva.

4. Determinismo estrutural

Todos já ouviram a história das línguas dos povos esquimós, algumas das quais supostamente têm palavras distintas para diferentes tipos de neve. Imagine a dificuldade oposta – uma sociedade que tem apenas uma palavra (digamos, "racismo") para um fenômeno muito mais complexo do que ela sugere, por exemplo, racismo biológico; racismo intencional; racismo inconsciente; microagressões; nativismo; racismo institucional; racismo com homofobia ou sexismo; racismo que assume a forma de indiferença, frieza ou associações implícitas; e o privilégio branco, que reserva favores, sorrisos, gentilezas, as melhores histórias, o lado mais encantador de cada um e o acesso à intimidade real para os do seu próprio grupo ou classe.

Ou imagine um pintor criado por pais e professores de pré-escola que o ensinam que o mundo possui apenas três cores, vermelho, azul e amarelo; ou um aspirante a escritor criado com um vocabulário artificialmente baixo de trezentas palavras. Dizem que as crianças criadas na poluída Cidade do México desenham paisagens com um céu castanho amarelado, nunca azul. Os exemplos citados evidenciam o conceito que está no cerne do determinismo estrutural, a ideia de que nosso sistema, por causa de sua estrutura e vocabulário, está mal preparado para corrigir certos tipos de erros. O determinismo estrutural, uma noção poderosa que envolve tanto a vertente idealista quanto a materialista da teoria crítica da raça, assume uma série de formas. Considere as quatro seguintes.[15]

4.1. Ferramentas de pensamento e o dilema das reformas legislativas

As ferramentas tradicionais de pesquisa jurídica, encontradas em bibliotecas jurídicas convencionais, dependem de uma série de notas introdutórias, índices e outras categorias que os advogados utilizam para encontrar precedentes. (Com a informatização, essa dependência é um pouco menor do que era anteriormente, mas o problema ainda persiste). Suponha que nenhum caso apareça na pesquisa, porque o advogado enfrenta um problema inédito – o primeiro de seu tipo –, o qual exige uma inovação jurídica. Em tais situações, as ferramentas de pesquisa comercial levarão o advogado a becos sem saída – a soluções que não funcionarão. O que a situação exige é inovação, não a aplicação de alguma regra ou categoria preexistente. Mesmo quando uma nova ideia, como a nulificação pelo júri [*jury nullification*], estava começando a se popularizar, é provável que os indexadores jurídicos que compilavam

---

[15] Uma quinta forma, o binômio preto-branco, entra na discussão no capítulo 5.

CAPÍTULO II – TEMAS CARACTERÍSTICOS DA TEORIA CRÍTICA DA RAÇA

os livros de referência e as ferramentas de indexação não tenham percebido imediatamente sua relevância. Quando os *Comentários sobre as Leis da Inglaterra de Sir William Blackstone* estabeleceram a estrutura básica do pensamento liberal/capitalista, eles serviram como modelo para as futuras gerações de advogados, estimulando as mudanças jurídicas que ocorreram lentamente a partir de então. Uma vez que a estrutura do Direito e as categorias jurídicas tomam forma, elas se replicam tal como, no mundo da Biologia, o DNA permite que os organismos se reproduzam. Em certa medida, a dificuldade aqui é a mesma do dilema sobre o ovo e a galinha. É difícil pensar sobre algo que não tem nome, e é difícil nomear algo a menos que a comunidade interpretativa de que se participa tenha começado a falar e pensar sobre o assunto.

Como um exercício de reflexão, o leitor é convidado a considerar quantos dos seguintes termos e ideias, mencionados neste livro e altamente relevantes para o trabalho de advogados e ativistas progressistas, podem ser encontrados nas obras jurídicas de referência convencionais: interseccionalidade, convergência de interesses, microagressões, antiessencialismo, hegemonia, discurso de ódio, direitos linguísticos, binômio negro-branco, nulificação pelo júri. Quanto tempo levará até que esses conceitos entrem no vocabulário oficial do Direito?

4.2. A falácia da empatia

Veja como em certas controvérsias, aquelas sobre o discurso de ódio por exemplo, um tipo particular de participante cabeça-dura insiste em uma resposta de livre mercado: se uma minoria recebe um insulto, a solução, diz ele, não é punir o agressor ou decretar alguma regra de conduta contra o discurso de ódio, mas estimular a vítima a responder a quem o ofendeu. "A cura para o mau discurso é mais discurso".

Essa é uma abordagem difícil, pois pode ser fisicamente perigoso responder ao ofensor. Grande parte do discurso de ódio ocorre em situações em que responder seria imprudente. Em outros momentos, também é transmitido de forma anônima ou covarde, como em pichações no quadro de avisos de uma minoria estudantil ou em notas não assinadas na caixa de correio de algum estudante de minoria racial. Nesses casos, mais discurso é, obviamente, impossível.

Mas um problema mais fundamental é que em geral o discurso de ódio simplesmente não é percebido como tal no momento em que é proferido. A história da representação racial mostra que nossa sociedade consumiu despreocupadamente um desfile chocante de *sambos*, *coons*, japoneses trapaceiros, orientais exóticos e mexicanos indolentes e preguiçosos – imagens que foram percebidas pela sociedade da época como divertidas, bonitinhas, ou, pior ainda, verdadeiras. Como é possível responder a mensagens, roteiros e estereótipos que estão incorporados na mente de nossos conterrâneos e, de fato, na psique nacional? Quando alguém tenta, logo é acusado de não ter senso de humor ou de ser muito sensível. A ideia de que é possível utilizar palavras para desfazer os significados que outros atribuem a essas mesmas palavras implica incorrer na falácia da empatia – a convicção de que se pode mudar uma narrativa simplesmente oferecendo outra melhor –, de que a empatia do leitor ou do ouvinte irá se impor de maneira rápida e efetiva.[16]

Infelizmente, porém, a falta de empatia é maior do que pensamos. Em seu cotidiano, a maioria das pessoas não entra em contato com um grande número de pessoas de raças ou estratos sociais radicalmente diferentes. Conversamos e lemos materiais escritos por indivíduos de nossa própria cultura. Em certo sentido, somos nosso acervo de narrativas – termos, preconceitos, argumentos e interpretações que utilizamos para dar sentido ao mundo. Elas constituem aquilo que somos, a base sobre a qual julgamos as novas narrativas – por exemplo, a narrativa sobre um afro-americano que é um gênio ou sobre um *chicano* batalhador que tem três empregos. A ideia de que um argumento melhor e mais justo pode facilmente substituir o mais antigo e preconceituoso é atraente mas historicamente falsa. As mudanças ocorrem lentamente. Tente explicar a alguém que nunca viu um mexicano, exceto como

---

[16] Ver DELGADO, Richard & STEFANCIC, Jean, "Images of the Outsider in American Law and Culture: Can Free Expression Remedy Systemic Social Ills?", *77 Cornell L. Rev.* 1258 (1992).

CAPÍTULO II – TEMAS CARACTERÍSTICOS DA TEORIA CRÍTICA DA RAÇA

personagens de desenhos animados, usando *sombrero* e *serape*, que a maioria dos mexicanos usa terno.

> Uma das razões para evitar penas demasiado severas é que a empatia necessária para... os cidadãos em uma democracia... sofre uma atrofia quando os pais estão longe, na prisão. "Sem o acolhimento cotidiano, o contato físico e o estímulo sensorial desde o nascimento, a capacidade biológica para a sociabilidade – o pré-requisito para a empatia e a consciência – não se desenvolve... e a empatia requer o carinho das primeiras relações sociais". Separar famílias enviando pais e mães para a prisão por períodos desnecessariamente longos acarreta problemas para a geração seguinte, particularmente quando, como às vezes acontece, o ex-presidiário se torna um "monstro".[17]

Exercício de sala de aula

Forme uma dupla com algum membro de sua turma ou grupo de estudo. Cada um de vocês deve escrever em um pedaço de papel cinco afirmações relacionadas à política ou à realidade social que acreditam ser verdadeiras, como, por exemplo, que as mulheres devem ter o direito de escolher se querem ou não realizar um aborto, que todos devem ser avaliados pelos mesmos critérios para serem admitidos em uma escola, ou que o melhor governo é aquele que menos governa. Em seguida, você apresenta um contraexemplo para as afirmações da outra pessoa, por exemplo, um caso de intervenção governamental que funcionou.

Como a outra pessoa reage? Ele ou ela aceitou seu argumento e mudou de opinião? Qual foi o peso da sua "narrativa", e por que ela foi bem-sucedida ou fracassou? Depois disso, inverta os papéis e reflita sobre os argumentos de seu colega contra uma de suas crenças.

---

17   Jack B. Weinstein, Juiz Sênior, U. S. District Court, Eastern District of New York, "Adjudicative Justice in a Diverse Mass Society", *8 J. L. & Pol'y* 385, 410 (2000).

4.3. Servindo a dois senhores

Derrick Bell apontou uma terceira estrutura que impede reformas, desta vez no Direito. Para litigar em um caso de reforma legislativa, o advogado precisa de um cliente de carne e osso. Pode-se buscar estabelecer o direito de consumidores pobres rescindirem um contrato de venda ou questionarem a ficção jurídica, que é o fato de se considerar um distrito escolar como dessegregado simplesmente porque as autoridades estabelecem que a composição de certas escolas é metade de negros e outra metade de *chicanos* (como algumas delas fizeram na sequência do caso Brown v. Board of Education).

Suponha, porém, que o/a cliente e sua comunidade não queiram a mesma solução que o advogado. O advogado, que pode representar uma organização de direitos civis ou de interesse público, pode querer uma sentença abrangente que identifique uma nova mazela e a declare contrária aos princípios constitucionais. Ele ou ela pode estar disposto a apostar e arriscar tudo. O ou a cliente, no entanto, pode querer algo diferente – melhores escolas ou mais dinheiro para as do seu bairro. Ele ou ela pode querer educação bilíngue ou mais professores negros, em vez de aulas ministradas por professores brancos com doutorado e brilhantes. Um advogado representando um cliente pobre pode querer litigar o direito a uma audiência de conciliação, enquanto o cliente pode estar mais interessado em um novo par de sapatos de fim de semana para seu filho. Esses conflitos, que são onipresentes em situações de reforma jurídica, perseguem o advogado em busca de mudanças sociais e parecem inerentes ao nosso sistema de recursos jurídicos. A qual mestre o advogado deve servir? Existem conflitos semelhantes no âmbito político? Por exemplo, um presidente ou senador negro, pela própria natureza de seu cargo, tem que desconsiderar sua negritude no cumprimento das obrigações para com o país como um todo?

Exercício de sala de aula: quem deve dar as ordens?

O prof. Hamar Aziz é um físico de ascendência egípcia que leciona em uma grande universidade que também pesquisa. Aziz recentemente tentou viajar de avião para uma conferência internacional em Genebra mas foi barrado no aeroporto local por funcionários da TSA, que disseram a ele que seu nome estava em uma lista de pessoas impedidas de voar. Aziz, que perdeu a oportunidade de apresentar seu último trabalho, está furioso e quer que você o ajude a ser indenizado pelos danos que sofreu e garanta que isso não voltará a acontecer com ele. Em suma, ele quer que o governo tire seu nome da lista para que ele possa voar novamente. Sua pesquisa mostra que a lista de pessoas impedidas de voar está cheia de erros e prejudica muitos passageiros inocentes, alguns dos quais, como Aziz, simplesmente têm o mesmo nome de alguém que está na mira das autoridades. Aziz é o candidato perfeito para impugnar a lista, uma vez que ele possui um currículo brilhante, é ex-oficial da Marinha e líder da tropa de escoteiros, além de ter sido suplente da equipe olímpica dos Estados Unidos no salto em distância. Aziz, no entanto, está mais interessado em tirar seu nome da lista. Você aceitaria o caso dele?

4.4. A legislação de reparações raciais como dispositivo homeostático

Alguns *crits*, como Derrick Bell e Alan Freeman, argumentam inclusive que nossa legislação de direitos civis e sua aplicação garantem que o progresso racial ocorra exatamente na lentidão adequada. Um ritmo muito lento deixaria as minorias impacientes e abriria a possibilidade de uma desestabilização; um ritmo muito rápido poderia colocar em risco importantes privilégios materiais e psíquicos dos grupos de elite. Quando o descompasso entre nossos ideais e nossas práticas se torna grande demais, o sistema produz um "medidas para inglês ver" [*contradiction-closing-case*], para que todos pensem que ele é realmente honesto e justo. E naquelas raras ocasiões em que as condições sociais exigem uma concessão genuína, como no caso das ações afirmativas, os custos dessa concessão são sempre colocados nas costas das minorias – sob a forma de estigma – ou dos brancos da classe trabalhadora, os menos sujeitos a serem contemplados por elas, como Alan Bakke, que almejava ser aceito na Davis Medical School da Universidade da Califórnia.

Em sua petição aditada, Monteiro alegou que sua filha do nono ano e outros estudantes afro-americanos frequentavam uma escola onde eram chamados de *niggers* pelas crianças brancas, e que esse termo estava escrito nas paredes dos edifícios nos quais deveriam aprender estudos sociais e cívicos. Não é preciso um psicólogo da Educação para concluir que ser chamado pelos colegas pela ofensa de cunho racial mais pejorativa do léxico americano contemporâneo, ser constrangido e humilhado em função de sua raça e ter suas queixas ignoradas ou rejeitadas pelas autoridades escolares afetam negativamente a capacidade de uma criança negra alcançar o mesmo aproveitamento escolar de seus colegas brancos... É no início do ensino médio, quando o jovem adolescente é altamente suscetível e está tomando decisões sobre sua educação que irão afetar o rumo de sua vida... Uma escola em que esse tipo de conduta ocorre sem nenhum controle está falhando completamente em sua missão de proporcionar um ambiente educacional não discriminatório. Assim, achamos que a petição apresenta alegações que satisfazem o primeiro fator do teste de violação do Título VI.[18]

Questões e comentários para o capítulo II

1. Se a sociedade concordasse em ter somente pensamentos amáveis sobre pessoas de minorias raciais, a condição delas melhoraria muito? Melhoraria quanto, e a curto ou a longo prazo?

2. Se a sociedade concordasse em tratar todos, inclusive as pessoas de minorias raciais, exatamente da mesma forma, a condição das comunidades de pessoas de minorias raciais melhoraria muito? Novamente, e a curto ou a longo prazo?

---

[18] Caso Monteiro v. Tempe Union High School District, *158 F. 3rd* 1022, 1039 (9th Cir. 1998). (Antes de Monteiro, uma sequência quase ininterrupta de decisões havia rejeitado reparações para casos de minorias submetidas a calúnias racistas e derrubado os códigos de fala universitários).

CAPÍTULO II – TEMAS CARACTERÍSTICOS DA TEORIA CRÍTICA DA RAÇA

3. Caso os indígenas americanos descobrissem ouro em suas reservas ou os negros também o descobrissem na periferia das cidades, de modo que o patrimônio e a renda familiar média de indígenas e negros se tornassem, exatamente, os mesmos dos brancos, será que o racismo diminuiria? Aumentaria? Seguiria igual?

4. Atualmente, mais afro-americanos frequentam escolas segregadas do que na época da decisão do caso Brown v. Board of Education. O que isso nos diz sobre reformas por meio de mudanças da legislação?

5. A partir do caso Brown, e seguindo pelos anos 60 e início dos 70, a Suprema Corte proferiu uma série de decisões favoráveis aos negros e outras minorias. Agora ela tem restringido as ações afirmativas e fragilizado sua aplicação nos termos das leis antidiscriminação. O que explica tal mudança?

6. A sociedade, com o passar do tempo, está se tornando mais ou menos justa no tratamento das minorias? Se sua resposta é "mais justa", por que os tribunais estão tornando o direito ao voto mais difícil de exercer? Se sua resposta é "menos justa", como você explica a presidência de Obama?

7. Quando uma decisão judicial favorável é uma medida "para inglês ver"?

8. Suponha que você esteja litigando em um caso de discriminação profissional em nome de uma mulher negra que sofreu maus-tratos no trabalho por causa de sua condição de mulher negra. O empregador enfatiza que ele não discrimina homens negros (ao contrário, gosta deles) ou mulheres brancas. Seu caso, em síntese, exige que a lei reconheça uma nova causa para as categorias intersetoriais, como mulheres negras, que integram dois grupos ao mesmo tempo. Você acredita que a pesquisa jurídica em um banco de dados comercial levantaria as poucas decisões favoráveis a demandas como essa? Ou acredita que a categoria, até agora, não tenha um nome consensual?

9. Você é um ativista recentemente convencido da hipótese de convergência de interesses de Derrick Bell, de que os brancos permitem avanços para os negros somente quando estes servem aos seus próprios interesses. Isso mudará sua abordagem em relação ao ativismo e, em caso afirmativo, como?

Sugestões de leitura

BELL, Derrick A., Jr., "Brown v. Board of Education and the Interest-Convergence Dilemma", *93 Harv. L. Rev.* 518 (1980).

BELL, Derrick A., Jr., "Serving Two Masters: Integration Ideals and Client Interests in School Desegregation Litigation", *85 Yale L. J.* 470 (1976).

BENDER, Steven, *Mea Culpa: Lessons on Law and Regret from U.S. History* (2015).

COATES, Ta-Nehisi, *Between the World and Me* (2015).

CRENSHAW, Kimberlé W., "Race, Reform, and Retrenchment: Transformation and Legitimation in Antidiscrimination Law", *101 Harv. L. Rev.* 1331 (1988).

DELGADO, Richard & STEFANCIC, Jean, "Why Do We Tell the Same Stories? Law Reform, Critical Librarianship, and the Triple Helix Dilemma", *42 Stan. L. Rev.* 207 (1989).

DUDZIAK, Mary L., *Cold War Civil Rights: Race and the Image of America Democracy* (2000).

DYSON, Michael Eric, *The Black Presidency: Barack Obama and the Politics of Race in America* (2016).

FREEMAN, Alan D., "Legitimizing Racial Discrimination through Antidiscrimination Law: A Critical Review of Supreme Court Doctrine", *62 Minn. L. Rev.* 1049 (1978).

CAPÍTULO II – TEMAS CARACTERÍSTICOS DA TEORIA CRÍTICA DA RAÇA

GOTANDA, Neil, "A Critique of 'Our Constitution Is Color-Blind'", *44 Stan. L. Rev.* 1 (1991).

GUINIER, Lani, "Demosprudence through Dissent", *122 Harv. L. Rev.* 4 (2008).

HANEY LÓPEZ, Ian F., *Dog Whistle Politics: How Coded Racial Appeals Have Reinvented Racism and Wrecked the Middle Class* (2013).

LAWRENCE, Charles R., III, "The Id, the Ego, and Equal Protection: Reckoning with Unconscious Racism", *39 Stan. L. Rev.* 317 (1987).

PELLER, Gary, *Critical Race Consciousness: Reconsidering America's Ideologies of Racial Justice* (2012).

WILLIAMS, Robert A., *Like a Loaded Weapon: The Rehnquist Court, Indian Rights, and the Legal History of Racism in America* (2005).

ZINN, Howard, *A People's History of the United States: 1492–Present* (20th Anniversary ed., 1999).

CAPÍTULO III
STORYTELLING JURÍDICO E ANÁLISE NARRATIVA

Você já teve a experiência de ouvir uma história e ficar completamente convencido e depois ouvir uma história exatamente oposta, igualmente bem contada, e sentir-se inseguro de suas convicções? Em uma situação cotidiana, Kim reclama para o professor que Billy anda provocando brigas no playground. O professor ouve, concorda com o argumento de Kim e fica pronto para punir Billy. Felizmente, o professor ouve a história de Billy ou a de uma terceira criança imparcial. Constata-se que Billy não tem culpa nenhuma; foi Kim quem começou o problema.

Ou já teve a oportunidade de ver dois advogados talentosos especializados em apelação argumentando sobre um caso? Ouve o primeiro e se convence. Não vê outro caminho para o tribunal a não ser decidir em favor dele ou dela. Aí o segundo advogado argumenta pela outra parte, citando outros especialistas, recorrendo a princípios diferentes, trazendo à tona aspectos distintos do mesmo caso. Sua convicção é abalada; agora você está inseguro sobre qual lado merece vencer.

Ou, talvez, você já discutiu algum caso famoso, como o que resultou na morte de Trayvon Martin ou outro, talvez o de algum terrorista acusado que sofreu tortura, com uma amiga. Você e ela concordam com a maioria dos fatos, mas os interpretam de forma radicalmente distinta. Você fica pensando como duas pessoas podem ver "as mesmas evidências" sob pontos de vista tão diferentes.

Os teóricos da teoria crítica da raça têm se baseado em experiências cotidianas relacionadas com perspectivas, pontos de vista e com poder das histórias e do convencimento para compreender melhor como os americanos veem a raça. Eles têm escrito parábolas, autobiografias e "contra-histórias", e têm pesquisado antecedentes factuais e personalidades, frequentemente ignorados nos *casebooks*, de casos bem conhecidos, tais como o Korematsu (o caso de confinamento de japoneses) ou o Plessy v. Ferguson (o caso "separados, porém iguais"). Outros acadêmicos têm pesquisado a teoria narrativa para tentar entender por que certas histórias funcionam e outras não. Outros, ainda, estudam a forma como os advogados constroem, consciente ou inconscientemente, as narrativas – teorias sobre um caso – que eles esperam que repercutam junto ao júri e o induzam a adotar suas interpretações do que aconteceu e a rejeitar as do lado contrário.

Storytellers jurídicos, como Derrick Bell e Patricia Williams, baseiam-se em uma longa trajetória com raízes que remontam às narrativas dos escravos, contos escritos por cativos negros para descrever sua condição e desmascarar a generosidade que supostamente caracterizava a sociedade branca das *plantations*. Os indígenas americanos, como se sabe, eram grandes contadores de histórias, e usavam as histórias e os mitos para preservar a cultura, unir o grupo e para recordá-lo de seu destino comum. Na sociedade latina, os romancistas picarescos fizeram troça das convenções sociais, da soberba da nobreza e da autoridade ilegítima. Embora alguns escritores critiquem a TCR pela negatividade excessiva e por ela falhar no desenvolvimento de um programa positivo, o *storytelling* jurídico e a análise narrativa são progressos evidentes que o movimento pode reivindicar. Até mesmo alguns juízes integrantes de minorias estão achando essas ferramentas úteis, de vez em quando, para insistir na validade da perspectiva racial.

> Por tal critério, juízes brancos continuarão a ter a liberdade de que gozam há séculos para discutir questões de substância intelectual, mesmo questões de direitos humanos e, por serem brancos, ainda poderão decidir posteriormente sobre situações factuais específicas envolvendo os princípios dos direitos humanos que discutiram anteriormente de forma generalizada.

CAPÍTULO III – STORYTELLING JURÍDICO E ANÁLISE NARRATIVA

Mas os réus insistem em um critério muito mais rígido para os juízes negros, o que os impediria de discutir as relações raciais, mesmo que de forma generalizada...

Insinuar que juízes negros devam declarar-se impedidos de julgar casos como esse seria o mesmo que afirmar que os senhores de escravos tinham razão quando... alegavam que somente eles, mas não os escravos, podiam avaliar a brutalidade ou a justiça do sistema.[19]

1. Abrindo uma janela para realidades ignoradas ou alternativas

Uma premissa dos *storytellers* jurídicos é que os membros do grupo racial dominante deste país não podem entender facilmente o que é ser não branco. Poucos têm o que W. E. B. Du Bois descreveu como "dupla consciência". Livros de História, sermões dominicais e até mesmo a jurisprudência contribuem para uma hegemonia cultural que torna difícil para os reformadores fazer da raça uma questão. Como superar essa lacuna do pensamento de pessoas de boa vontade cujas experiências, perspectivas e origens são radicalmente diferentes é um grande desafio.

Considere o embate de histórias descrito a seguir. De acordo com um dos principais escritores da TCR, a história majoritária sobre a raça provavelmente seria algo parecido com isto:

No início de nossa história havia a escravidão, o que era uma coisa terrível. Os negros foram trazidos acorrentados da África para este país e forçados a trabalhar no campo. Alguns foram cruelmente maltratados, o que, naturalmente, foi um erro imperdoável; outros foram tratados cordialmente. A escravidão terminou com a Guerra Civil, embora muitos negros seguissem pobres, sem acesso à educação e à cultura. À medida que a sensibilidade

---

[19] Juiz federal Leon Higginbotham, ao recusar declarar-se impedido para julgar um caso, Commonwealth v. Local Union *542, International Union of Operating Engineers, 388 F. Supp.* 155, 165 (E. D. Pa., 1974).

racial do país em relação à situação dos negros aumentava, os estatutos federais e a jurisprudência passavam a eliminar gradualmente os vestígios da escravidão. Hoje em dia, os negros gozam de muitos direitos civis e estão protegidos da discriminação em questões como moradia, educação pública, emprego e direito ao voto. Um presidente negro ocupa a Casa Branca. Muitos artistas e esportistas – todos milionários – são negros. A distância entre negros e brancos está diminuindo constantemente, embora possa levar algum tempo para desaparecer completamente. Ao mesmo tempo, é importante não ir muito longe nos benefícios especiais para os negros. Isso pode estimular a dependência desses indivíduos e o surgimento de uma cultura da pobreza entre eles. Também pode causar reações entre brancos ingênuos que acreditam sofrer, dessa maneira, uma discriminação reversa. Americanos, em sua maioria, são indivíduos honestos que carregam pouco preconceito racial. Os poucos preconceituosos podem ser punidos quando agem com base nessas convicções.

 Essa é a primeira história. Mas, junto com esse relato reconfortante, estão outros sobre a discriminação negra, chinesa, japonesa, latina, filipina e dos indígenas americanos nos Estados Unidos, uma história "sangrenta, brutal, repleta de assassinatos, mutilações, estupros e brutalidades em dimensões muito maiores do que a maioria de nós pode imaginar ou compreender".[20]

 Essa história perpetua-se no presente e atinge pessoas vivas. Tal fato inclui taxas de mortalidade infantil duas vezes mais altas que as dos brancos entre as minorias, assim como taxas de prisão e encarceramento que estão entre as mais altas do mundo. Os índices de evasão escolar entre negros e latinos são piores do que os de praticamente qualquer país industrializado, e a diferença entre brancos e não brancos em termos de renda, patrimônio, nível de escolaridade e expectativa de vida é tão grande quanto era há trinta anos, se não for maior. A violência contra pessoas com traços do Oriente Médio, bem como contra minorias sexuais, tem aumentado de forma alarmante.

---

[20] BELL, Derrick, *And We Are Not Saved* 217 (1987).

CAPÍTULO III – STORYTELLING JURÍDICO E ANÁLISE NARRATIVA

Novos relatos atrevem-se a chamar nossas doutrinas e proteção jurídicas mais celebradas de farsas – declarações vazias proferidas com grande solenidade e alarde, apenas para serem silenciosamente ignoradas, restringidas ou suprimidas quando as comemorações terminam.

Como podem histórias tão divergentes coexistirem? Por que elas não se reconciliam? Em relação à primeira pergunta, a teoria crítica da raça responde: "experiência". Pessoas de diferentes raças têm experiências radicalmente diferentes ao longo da vida. (Derrick Bell acrescentaria uma outra razão: "a convergência de interesses" – as pessoas acreditam no que as beneficia). Quanto à segunda, ela responde que há pouca empatia.[21] A teoria literária e narrativa considera que cada um de nós ocupa um universo normativo ou "nomos" (ou talvez muitos deles), do qual não somos facilmente deslocados. Os *storytellers* talentosos, no entanto, lutam para alcançar um público amplo com suas mensagens. "Todo mundo ama uma história". A esperança é que histórias bem contadas, descrevendo a realidade de vidas negras e pardas, possam ajudar os leitores a transpor o hiato entre seu mundo e o dos outros. Histórias cativantes podem nos ajudar a entender como é a vida para os outros e convidar o leitor para um mundo novo e desconhecido.

> "A raça talvez seja o problema mais confuso da América, mas o problema confuso da raça é que poucas pessoas parecem saber o que é raça".[22] Em parte, o que torna a raça um problema confuso e faz com que muitas pessoas não saibam o que é raça é a visão de que os problemas de raça são problemas da minoria racial. Não são. Os problemas de raça dizem respeito a todos nós, não importa de onde venham nossos ancestrais, não importa a cor de nossa pele. Assim, concluir que a raça não é uma questão neste caso porque o jurado 32 não é de uma minoria racial é um equívoco. A raça é uma questão.[23]

---

21 Veja discussão sobre a falácia da empatia no capítulo 2.
22 HANEY LÓPEZ, Ian F., "The Social Construction of Race: Some Observations on Illusion, Fabrication and Choice", *29 Harv. C. R.-C. L. L. Rev.* 1, 5–6 (1994).
23 Caso State v. Buggs, *581 N. W. 2nd 329,* 344 (Minn., 1998).

2. Contra-*storytelling*

Alguns *storytellers* críticos acreditam que as histórias também têm uma função destrutiva válida. A sociedade constrói o mundo social através de uma série de acordos tácitos mediados por imagens, fotos, contos, tweets, postagens em blogs, mídias sociais e outros enredos. Muitos dos quais consideramos ridículos, egoístas ou cruéis, mas que não são percebidos como tal no momento. Atacar preconceitos arraigados que marginalizam os outros ou negam sua humanidade é uma função legítima de toda ficção.

No discurso jurídico, preconceitos e mitos, por exemplo, sobre a criminalidade negra ou o terrorismo muçulmano, moldam a mentalidade – o conjunto de conhecimentos adquiridos, relatos hegemônicos e pressupostos que atribuem suspeita –, alocam o ônus da prova sobre uma ou outra parte e nos dizem, em casos de evidências conflitantes, o que provavelmente aconteceu. Essas influências culturais são provavelmente tão decisivas para o resultado quanto as leis formais, já que fornecem o pano de fundo a partir do qual as últimas são interpretadas e aplicadas. Autores críticos usam contra-histórias para desafiar, deslocar ou ridicularizar essas narrativas e crenças perniciosas.[24]

3. Cura para o silenciamento

As histórias também exercem uma função adicional poderosa para as minorias. Muitas vítimas de discriminação racial sofrem em silêncio ou culpam a si mesmas por seu sofrimento. Outras fingem que não aconteceu ou que "ela simplesmente não as afeta". Todos os três grupos

---

[24] Ver, por exemplo, DELGADO, Richard, "Rodrigo's Eighth Chronicle: Black Crime, White Fears – On the Social Construction of Threat", *80 Va. L. Rev.* 503 (1994), em que se mostra que crimes de colarinho branco e corporativos/industriais – perpetrados principalmente por brancos – causam mais danos às pessoas, mortes e prejuízos à propriedade do que todos os crimes de rua combinados, mesmo em uma comparação per capita.

CAPÍTULO III – STORYTELLING JURÍDICO E ANÁLISE NARRATIVA

guardam mais silêncio do que o necessário. As histórias podem dar voz a eles e revelar que outras pessoas têm experiências semelhantes. As histórias podem nomear o tipo de discriminação (por exemplo, microagressões, discriminação inconsciente ou racismo estrutural); e, uma vez nomeada, ela pode ser combatida. Se a raça não é real ou objetiva mas uma construção, o racismo e o preconceito podem ser desconstruídos; as crenças e categorias nocivas são, afinal de contas, criadas por nós. Histórias e narrativas potentes podem iniciar um processo de correção em nosso sistema de crenças e categorias, chamando a atenção para evidências negligenciadas e lembrando os leitores de nossa humanidade comum. Até mesmo o juiz conservador Richard Posner admitiu que grandes reformas da legislação muitas vezes passam por um processo de conversão ou mudança de paradigma semelhante ao que Thomas Kuhn descreve e que os *storytellers* das minorias preconizam.[25] O livro *Sonhos do meu Pai* (1995), de Barack Obama, parece ter cumprido uma função vital ao explicar a muitos leitores a jornada racial do jovem presidente.

O conceito de *différend* do filósofo Jean-François Lyotard ajuda a explicar o valor das narrativas para as pessoas marginalizadas. A *différend* ocorre quando um conceito como o de justiça adquire significados conflitantes para dois grupos. Um ótimo exemplo seria o caso em que um juiz buscar responsabilizar um indivíduo que não aceita os pontos de vista básicos do regime que o está julgando. Em situações como essa, a pessoa discriminada carece de linguagem para expressar como foi lesada ou prejudicada.[26] Por exemplo, quando euroamericanos contemporâneos resistem até mesmo a discutir reparações para negros com o argumento de que uma pessoa negra contemporânea nunca foi escrava e por isso não tem direito de ação, assim como nenhum contemporâneo branco foi proprietário de escravos, o negro que deseja discutir essas questões e é ignorado sofre *différend*. A concepção predominante de justiça o priva da chance de expressar uma denúncia em termos compreensíveis para o sistema. Até muito recentemente, mulheres que

---

25 POSNER, Richard, *The Problems of Jurisprudence* 459 (1990).
26 Ver, por exemplo, MARTINEZ, George, "Philosophical Considerations and the Use of Narrative in the Law", *30 Rutgers L. J.* 683 (1999).

sofreram abuso sexual na infância ou sofriam de *battered-wife syndrome* eram vítimas de *différend*, assim como os latinos indocumentados que sofrem discriminação no local de trabalho, mas não podem reclamar por medo de serem deportados. As narrativas proporcionam uma linguagem para contornar as barreiras da imaginação e das concepções que dão origem à *différend*. Elas reduzem a marginalização dos grupos excluídos, proporcionando, ao mesmo tempo, oportunidades para que os integrantes do grupo majoritário se encontrem com eles na metade do caminho. Em nosso tempo, autores oriundos do Oriente Médio descrevem o estranhamento e a dor de lidar com a suspeita diária de que são terroristas, quando podem ser contadores, professores, profissionais de escritório ou médicos.[27]

4. O *storytelling* nos tribunais

Advogados e professores de *workshops* de prática jurídica têm aplicado o *storytelling* e a análise narrativa para entender como a dinâmica do convencimento funciona nos tribunais. Eles também os utilizam para compreender a influência do poder e da autoridade interpretativa entre advogado e cliente. Suponha, por exemplo, que o advogado privilegie a estratégia A porque, com ela, há 60% de probabilidade de vencer. O cliente, no entanto, prefere a estratégia B, porque ela é "mais verdadeira" para sua experiência ou seu mundo, embora seja menos provável que resulte em vitória. Autores como Lucy White e Anthony Alfieri mostram que a atenção ao aspecto narrativo da advocacia pode permitir aos advogados que representam pobres e desfavorecidos alcançar um melhor senso de justiça. Isso levou alguns críticos a acusar a TCR de ensinar como manipular as emoções e de utilizar a "cartada da raça". Por exemplo, quando o veredito de O. J. Simpson foi dado, Jeffrey Rosen, autor de assuntos jurídicos da *New Republic*, alegou que a defesa bem-sucedida feita por Johnny Cochran, advogado do famoso cliente,

---

[27] Veja, por exemplo, TEHRANIAN, John, *Whitewashed: America's Invisible Middle Eastern Minority* (2008).

CAPÍTULO III – STORYTELLING JURÍDICO E ANÁLISE NARRATIVA

havia sido um escândalo e um caso de "teoria crítica da raça aplicada". Apesar dessa e de outras críticas, o Direito tem caminhado lentamente no sentido de reconhecer a legitimidade e o poder da narrativa. Crianças e algumas outras testemunhas têm permissão para depor através de uma narrativa contínua em vez de um interrogatório de perguntas e respostas. Com relação às vítimas de abuso sexual, as leis de proteção e os estatutos probatórios as protegem contra certos tipos de interrogatório, mesmo que a Cláusula de Confrontação [*Confrontation Clause*] da Sexta Emenda permita ao outro lado atacar sua narrativa compulsoriamente.

5. O *storytelling* na defensiva

O *storytelling*, como se pode comprovar pelo sucesso dos *best-sellers* de Derrick Bell, Patricia Williams, entre outros, tem gozado de considerável popularidade e se estende a outras disciplinas. Não deve surpreender, portanto, que o movimento do *storytelling* jurídico tenha sido alvo de duras críticas. Parte delas vem de conservadores, como o juiz federal Richard Posner, que discordam, substancialmente, do que os *crits* estão falando. Mas as críticas também vêm de acadêmicos de esquerda, como Mark Tushnet, que consideram que o gênero da narrativa é uma forma ineficaz e analiticamente frágil de discurso, e de liberais autoproclamados, como Daniel Farber e Suzanna Sherry, cujas críticas são discutidas no capítulo 6.

Questões e comentários para o capítulo III

1. Por que a maioria dos *storytellers* jurídicos são negros ou pardos (Derrick Bell, Richard Delgado, Patricia Williams, Tara Yosso, Matthew Fletcher, Mari Matsuda, etc.)?
2. Os brancos também contam histórias, mas não as consideram histórias, e sim a verdade?

3. Se alguém quer mudar a opinião de outra pessoa sobre algo, digamos, sobre a pena de morte, o que seria mais eficaz, uma série de estatísticas ou uma boa história ou filme?

4. "Era uma vez..." As histórias (pelo menos as que são bem contadas) fazem com que o leitor ou ouvinte deixe de lado a dúvida e, caso isso aconteça, isso é bom ou ruim?

5. Suponha que você tenha uma opinião particular sobre o mundo. Por exemplo, como fruto da experiência você passou a acreditar que o mérito é quase sempre recompensado e que as pessoas geralmente obtêm o que merecem. As subvenções e a assistência social só pioram a situação. Alguém conta a você uma história sobre uma beneficiária de programas sociais que utilizou seus recursos para criar os filhos, depois frequentou a escola, tornou-se doutora e proprietária de uma *startup* da área de computação. Qual é sua reação? Você repensa seu ponto de vista ou simplesmente afirma que essa história é uma exceção?

6. Que histórias você geralmente ouve no debate sobre ações afirmativas? Quais você ouve repetidas vezes durante as campanhas presidenciais? (As dos *self-made men*? As dos americanos patriotas? As que dizem as coisas como elas são? As dos defensores da Constituição?) E durante as audiências judiciais? (Será que o estado de direito será preservado? Futuro ativista judicial? Compreende o homem comum?)

7. O capitalismo – o modo dominante de fazer negócios da nossa sociedade – é uma coleção de histórias, por exemplo, a de que o mercado é a melhor maneira de alocar recursos, que se cada um perseguir seu próprio interesse a sociedade se beneficiará da energia e da criatividade dos cidadãos, e que o controle do Estado é quase sempre ruim? Se assim for, será que as crises e os choques periódicos do capitalismo fazem com que seus apoiadores alterem seus pontos de vista? Ou histórias como essas não são capazes de penetrar na experiência das pessoas?

CAPÍTULO III – STORYTELLING JURÍDICO E ANÁLISE NARRATIVA

8. Se você ouve uma determinada história com muita frequência, será que uma evidência conflitante faz com que você simplesmente passe a ignorá-la?

9. Suponha que você tenha um amigo que acredite na militarização da fronteira e na aplicação rigorosa das leis de imigração. Durante uma discussão, você descobre que ele acredita que a imigração traz criminosos e terroristas mexicanos para o país e aumenta as chances de um "próximo 11 de Setembro". Você leu estudos que mostram que as regiões que passaram por um crescimento da imigração, inclusive de indocumentados, observam uma diminuição (e não um aumento) das taxas de criminalidade. Também leu que até hoje não se sabe de um único terrorista estrangeiro que tenha atravessado a fronteira do México às escondidas. Estudos como esses são capazes de persuadi-la a mudar sua visão sobre imigração e, se não, por quê?

10. Como um ativista comunitário pode utilizar o *storytelling* em seu trabalho?

Sugestões de leitura

ALFIERI, Anthony V., "Resistance Songs: Mobilizing the Law and Politics of Community", *93 Texas L. Rev.* 1459 (2015).

AMSTERDAM, Anthony G. & BRUNER, Jerome, *Minding the Law: How Courts Rely on Storytelling and How Their Stories Change the Ways We Understand the Law – and Ourselves* (2001).

BELL, Derrick A., Jr., *And We Are Not Saved: The Elusive Quest for Racial Justice* (1987).

DELGADO, Richard, "Storytelling for Oppositionists and Others: A Plea for Narrative", *87 Mich. L. Rev.* 2411 (1989).

LAW Stories Series (West Pub. Co.).

MARTINEZ, George A., "Race, American Law, and the State of Nature", *112 W.Va. L. Rev.* 799 (2010).

MATSUDA, Mari J., "Looking to the Bottom: Critical Legal Studies and Reparations, *22 Harv. C. R.-C. L. L. Rev.* 323 (1987).

SYMPOSIUM: Legal Storytelling, *87 Mich. L. Rev.* 2073 (1989).

TROUTT, David D., *The Monkey Suit and Other Short Fiction on African Americans and Justice* (1998).

WHITE, Lucie E., "Subordination, Rhetorical Survival Skills, and Sunday Shoes: Notes on the Hearing of Mrs. G.", *38 Buff. L. Rev.* 1 (1990).

WILLIAMS, Patricia J., *The Alchemy of Race and Rights: Diary of a Law Professor* (1991).

YOSSO, Tara J., *Critical Race Counterstories along the Chicana/o Educational Pipeline* (2006).

CAPÍTULO IV
OLHANDO PARA DENTRO

A política tem uma dimensão pessoal. Não deve ser surpresa os teóricos críticos da raça também terem direcionado sua crítica para dentro, para as interações de poder e autoridade dentro das comunidades, movimentos e até mesmo para o interior do próprio campo a que pertencem. Este capítulo analisa vários aspectos dessas interações – interseccionalidade; antiessencialismo; as tensões entre nacionalismo e assimilação; e a mistura e a identidade raciais.

1. Interseccionalidade

"Interseccionalidade" significa a análise da raça, sexo, classe, origem nacional e orientação sexual e de como se dá a combinação desses elementos nos mais diversos contextos. Essas categorias – e outras ainda – podem ser fatores de desvantagem independentes. Mas o que acontece quando um indivíduo ocupa mais de uma dessas categorias, por exemplo, é gay e indígena americano, ou é mulher e negra? Indivíduos como esses operam em uma intersecção de lugares de opressão reconhecidos. Tais casos exigem que cada fator de desvantagem seja considerado separadamente, cumulativamente, ou ainda de alguma outra forma? As pessoas que enfrentam múltiplas formas de opressão devem ter categorias e representação próprias, para além daquelas que correspondem às diferentes formas de discriminação que vivenciam? E qual é o papel dessas pessoas "interseccionais" em movimentos sociais tais como o feminismo e o movimento LGBT? Qual é o lugar delas? Todas essas são questões abordadas pela análise interseccional.

Imagine uma mulher negra. Ela talvez seja oprimida por causa de sua raça. Talvez seja oprimida por causa de seu gênero. Se for uma mãe solteira e trabalhadora, também pode sofrer discriminação em função dessa condição. Ela sofre, potencialmente, não apenas múltiplas formas de opressão mas também formas particulares para ela e para outras como ela. Suponha que tal pessoa seja discriminada em seu local de trabalho. Certo dia ela chega para encontrar o novo supervisor, o qual, ao que tudo indica, não gosta de mulheres negras, pois acredita que elas são preguiçosas e pouco confiáveis. Ele também acha que muitas delas têm um "problema de atitude". Por essa razão, ele a designa para trabalhos desagradáveis, exige que ela o notifique sempre que sair de sua área de trabalho e não a aconselha sobre oportunidades de promoção para as quais ela estaria apta.

Ela decide processá-lo. Mas baseada em qual teoria? Suponha que ela o processe por discriminação racial – seu supervisor a discrimina porque ela é negra. Mas suponha que o supervisor não odeie homens negros; na verdade, os trata bem. Ele gosta de jogar basquete com eles depois do trabalho, discutir esportes na segunda-feira e conversar animadamente sobre música ou entretenimento popular. Nos termos da legislação vigente, o supervisor pode muito bem defender-se contra um processo de discriminação uma vez que não discrimina os negros per se – mas apenas as mulheres negras.

Suponhamos, então, que ela resolva processá-lo por discriminação de gênero. Afinal, ela é uma mulher negra e seu supervisor a discrimina por causa de seu gênero. Porém, mais uma vez, ela pode facilmente perder. O supervisor pode mostrar que ele não é preconceituoso contra as mulheres como classe e, de fato, gosta de ter mulheres brancas trabalhando para ele. Ele considera as mulheres brancas trabalhadoras competentes, atraentes e confiáveis. Até namora mulheres brancas, eventualmente. Mulheres brancas o fazem recordar sua irmã. Ele acha as mais jovens bonitas e decorativas. Gosta de tê-las por perto.

CAPÍTULO IV – OLHANDO PARA DENTRO

Assim, nossa autora provavelmente não será capaz de provar a discriminação com base em raça ou sexo. Mesmo que ela sofra discriminação por sua condição de mulher negra. Esse é um dos aspectos do dilema interseccional.

Ela pode enfrentar uma situação parecida na política cotidiana. Imagine que ela quer se juntar a outras pessoas em um movimento para mudar o comportamento da sociedade em relação a pessoas como ela. Ela pode recorrer ao movimento feminista em busca de apoio e solidariedade. Mas é provável que descubra que esse movimento dominado por mulheres brancas adota uma agenda e tem um conjunto de preocupações que surgem da experiência feminina branca, por exemplo, o "teto de vidro", o direito ao aborto e a eleição de uma presidente mulher nos Estados Unidos. Ela está mais interessada na reforma sobre as creches e nos programas Head Start para seus filhos pequenos. Também pode estar interessada em proteção contra violência doméstica praticada por homens negros. O movimento feminista a recebe de braços abertos, pois ela é mais um soldado a se unir às fileiras. Mas será que o programa do movimento conseguirá dar uma resposta a suas preocupações?

Agora, imagine que ela resolva se juntar ao movimento dos direitos civis, esperando, assim, poder tratar do tipo de discriminação que sofre no trabalho. Dessa vez, ela descobre que o racismo é de fato o foco principal do grupo. O movimento defende as ações afirmativas, a reestruturação do sistema de justiça penal para erradicar as desigualdades raciais e a eleição de prefeitos negros. Apoia medidas para acabar com a filtragem racial e a abordagem por "dirigir enquanto negro" em rodovias. Embora ela compartilhe essas preocupações como negra, elas não são necessariamente as que estão no topo de sua agenda. O movimento dos direitos civis, dominado por homens, receberá ela e mulheres como ela, pois as necessita como contingente, mas até que as mulheres se tornem uma força relevante dentro do grupo pouca atenção será dada às demandas delas. Os líderes do movimento podem até mesmo pedir que preencham envelopes, anotem recados, atendam ao telefone ou façam café.

E caso siga expressando suas demandas, ela pode terminar sendo acusada de divisionismo. As feministas podem dizer a ela para deixar de lado suas demandas como mulher negra por um momento, pelo interesse de uma irmandade "unida", enquanto os homens negros podem estar tão envolvidos com questões de vida ou morte, tais como a imposição desproporcional da pena de morte ou o uso do taser em motoristas negros que não respondem com rapidez suficiente às ordens policiais, que reagirão impacientemente aos seus pedidos para considerar seus problemas no trabalho.

Quando os movimentos por justiça racial priorizam demandas mais amplas, em vez das de subgrupos particulares, muitas necessidades, como as de nossa mulher negra hipotética, podem ficar sem resposta. Não se trata de um problema menor. Muitas raças estão atravessadas por diferenças de condição socioeconômica, política, religiosa, de orientação sexual e de origem nacional, cada uma das quais gera indivíduos intersetoriais. Mesmo dentro de grupos aparentemente homogêneos encontramos diferenças de atitude. Considere, por exemplo, as medidas de combate à criminalidade praticada por negros. Alguns membros da comunidade negra sustentam que a sociedade não se preocupa o suficiente com os cidadãos negros que cumprem a lei e são vítimas de crimes em bairros negros. Tal ponto de vista, que pede maior endurecimento no combate ao crime, é um exemplo do que tem sido chamado de "política da respeitabilidade" e não admite qualquer identificação com a criminalidade praticada por negros. Ela quer mais policiamento e penas mais severas para os réus negros. A perspectiva contrária dentro da comunidade negra é muitas vezes denominada "política da identificação". Pessoas que defendem essa perspectiva se identificam com o aspecto de "rebeldia racial" de alguns criminosos negros e os apoiam, pelo menos se forem jovens, recuperáveis e representem um ganho potencial para a comunidade. Os afro-americanos que defendem esse ponto de vista querem que a polícia deixe certos criminosos negros em paz, deixe a comunidade se encarregar deles. Campanhas antidelação em bairros negros são evidências dessa atitude. (Alguns grupos latinos fazem algo semelhante quando abrigam ou ajudam imigrantes indocumentados).

As categorias e subgrupos, portanto, não são apenas matéria de interesse teórico. A forma como os enquadramos determina quem tem poder, voz e representação e quem não os tem. O perspectivismo, a insistência em examinar como as coisas se apresentam a partir da perspectiva dos atores individuais, nos ajuda a entender a situação difícil dos indivíduos interseccionais. Ele pode nos ajudar a formular abordagens que façam justiça a um conjunto mais amplo de pessoas e a evitar a simplificação da experiência humana.

Uma ferramenta crítica correlata que se mostrou útil nessa questão é a noção de consciência múltipla, que afirma que a maioria de nós vivencia o mundo de maneiras distintas em diferentes ocasiões, por causa de quem somos. A esperança é que, se prestarmos atenção à multiplicidade da vida social, talvez nossas instituições e acordos enfrentem mais adequadamente os problemas que nos afligem. O número crescente de indivíduos multirraciais indica que essa preocupação só irá aumentar.

2. Essencialismo e antiessencialismo

Todas as pessoas oprimidas têm algo em comum? Esta questão está no cerne do debate entre essencialismo e antiessencialismo. Em certo sentido, a resposta é óbvia: é claro que todas as pessoas oprimidas têm algo em comum – sua opressão. Mas as formas dessa opressão podem variar de grupo para grupo. E, se assim for, as necessidades e estratégias políticas dos grupos que lutam por mudanças sociais também irão variar. Quando um grupo se organiza para lutar por mudanças sociais, ele deve ter uma ideia nítida de onde quer chegar. O essencialismo, portanto, pressupõe uma busca pela unidade adequada, um núcleo, da análise e da mudança social.

Quando pensamos no termo "essencialização", pensamos em decompor algo até que reste somente o cerne da questão. O essencialismo carrega uma dimensão política. Como mencionado na seção anterior, os objetivos de um grupo "unificado" podem não refletir exatamente os de certas frações internas, mas o grupo ampliado se beneficia da participação desses subgrupos devido ao aumento do número de membros que eles proporcionam. Vimos isso no caso da mãe solteira negra que procurou se identificar com algum movimento social mas se frustrou ao descobrir que as prioridades dos dois grupos mais propensos a acolhê-la não correspondiam à sua experiência de vida.

Essa tensão parece ser inerente ao nosso modo de existência. Um grande contingente de pessoas unidas por mudanças sociais tem o poder de alterar a prática e a percepção social. Isso é evidente nas primeiras conquistas dos movimentos feministas e dos direitos civis. Atualmente, quase ninguém manifesta publicamente a opinião de que "as mulheres não devem trabalhar fora de casa" ou que "indivíduos de minorias raciais são intelectualmente inferiores aos brancos". Esses avanços na consciência coletiva teriam surgido se subgrupos sub-representados, tais como mulheres negras, homens gays ou doutores latinos e de origem asiática, tivessem decidido não participar?

É preciso uma multidão de oprimidos para fazer com que a voz deles seja ouvida e sentida. Mas e quanto às vozes que não se encaixam em uma única categoria de opressão? Será que elas escorrerão por entre os dedos do progresso social? Tais questões são particularmente agudas quando levadas ao âmbito das relações e tensões inter e intraminorias.[28] Elas também explicam a impaciência de alguns *crits* com o liberalismo. O leitor lembrará que a TCR critica o liberalismo por ser cauteloso e ter uma concepção incremental da mudança social.[29] Quando estamos enfrentando uma estrutura tão profundamente enraizada quanto a raça, medidas radicais são uma exigência – caso contrário, o sistema simplesmente absorverá as pequenas melhorias conquistadas e tudo voltará a ser como antes.

Ignorando o problema da interseccionalidade, como o liberalismo muitas vezes faz, corre-se o risco de fazer as coisas pela metade e deixar grandes setores da população insatisfeitos em suas demandas. O liberalismo clássico também tem sido criticado pela insistência na busca de universais, tais como padrões universais para ingresso em universidades ou diretrizes de condenações iguais para todos os casos. Os *crits* ressaltam que essa abordagem pode ser injusta com indivíduos cuja experiência e situação diferem da norma. Eles pedem um tratamento individualizado – "contextualizado" que atente à vida das minorias.

---

[28] Ver capítulo 5.
[29] Ver capítulo 2.

CAPÍTULO IV – OLHANDO PARA DENTRO

Essa limitação é particularmente evidente no caso de "duplas minorias", tais como mulheres negras, latinos gays ou mulheres muçulmanas que usam véu (*hijab*), cujas vidas são duas vezes suprimidas da experiência dos americanos comuns.

Alguns observadores defendem que todas as minorias devem conciliar suas diferenças e formar uma frente unida contra o racismo em geral. O perigo dessa abordagem essencializada é que certos grupos minoritários, classes socioeconômicas e orientações sexuais podem melhorar de condição enquanto a condição de outros grupos pode piorar. Lembrem-se do tratamento indigno dispensado às mulheres negras no movimento dos direitos civis dos anos 60, quando raramente eram autorizadas a falar em nome do grupo, marchavam na segunda fila e eram relegadas, com algumas exceções, a papéis de apoio. Só recentemente as mulheres negras e latinas emergiram como vozes poderosas na cena americana. Talvez o debate essencialismo/antiessencialismo se resolva quando o pensamento dominante comece a entender a relevância das demandas dentro dos grupos maiores. Tal como um automóvel cuja manutenção está atrasada, os subgrupos menores que até então haviam permanecido em silêncio começam a apresentar suas demandas reprimidas para o grupo maior. E, assim, a dialética continua.

3. Nacionalismo versus assimilação

Dois amigos, William e Jamal, estão andando por uma rua central. Ambos são afro-americanos e amigos íntimos desde o ensino médio. Ambos têm pele de cor parda e olhos cor de avelã. Ambos são formados em universidades de prestígio. William veste terno e carrega uma bolsa feita por um designer famoso. Há três anos atua como advogado associado em um grande escritório de advocacia. Jamal, que é executivo da indústria musical e ganha o dobro do salário de William, exibe uma camisa kente de bom gosto e usa tranças estilo cornrow em seu cabelo. A caminho de um almoço para discutir um novo contrato de gravação, eles falam sobre amigos comuns, suas famílias e suas carreiras. Ao chegar no restaurante, um estabelecimento gastronômico badalado no centro da cidade que atende a jovens profissionais, William e Jamal trocam olhares, e, sem falar nada, William entra primeiro e pede ao maître uma mesa tranquila para dois.

Os dois amigos ilustram os dois polos da forma como as minorias raciais podem se representar e se posicionar. A posição nacionalista, ou separatista, ilustrada por Jamal considera que as pessoas de minorias raciais devem abraçar sua cultura e suas origens. Jamal, que por opção vive em um bairro negro sofisticado e manda os filhos para as escolas locais, poderia facilmente se encaixar no estilo de vida dominante. Mas ele se sente mais à vontade trabalhando e vivendo em ambientes negros e considera que tem o dever de contribuir para sua comunidade. Consequentemente, faz o máximo de negócios possíveis com outros negros. A última vez que ele e a família se mudaram, por exemplo, fez várias ligações até encontrar uma empresa de mudanças cujos proprietários fossem negros. Ele doa dinheiro para diversas organizações filantrópicas e faculdades afro-americanas. E, é claro, seu trabalho na indústria musical lhe dá a oportunidade de impulsionar a carreira de músicos negros, coisa que ele faz.

William também faz doações para várias causas dos negros. E, embora exerça a advocacia em um escritório predominantemente branco, para clientes corporativos que, em sua maioria, também são brancos, sempre que possível faz trabalho voluntário em benefício da população carcerária, que em sua grande maioria é de afro-americanos. William vive em um subúrbio integrado que é 90% branco, com alguns negros e pessoas de outras minorias raciais, a maioria profissionais liberais como ele.

William e Jamal já discutiram o estilo contrastante de vida deles e concordaram em discordar. William acredita que é mais benéfico quebrar barreiras no mundo jurídico dominado por brancos e que seu trabalho como advogado, especialmente quando for coroado com participação na sociedade do escritório, a qual espera em alguns anos, lhe permitirá ajudar realmente clientes e empresas de minorias. E mesmo que Jamal esteja ganhando mais dinheiro do que ele, William acredita que seu salário máximo como sócio do escritório um dia será igual ao de seu colega de colégio.

CAPÍTULO IV – OLHANDO PARA DENTRO

Os debates sobre nacionalismo versus assimilação ocupam lugar central no discurso atual sobre raça. Uma vertente da teoria crítica da raça respalda fortemente a visão nacionalista, que é especialmente popular entre os materialistas. Derrick Bell, por exemplo, exortou seus compatriotas afro-americanos a renunciarem à luta pela integração escolar e a buscarem a construção das melhores escolas negras possíveis. Outros nacionalistas da TCR defendem a posse de armas, alegando que historicamente a polícia deste país não protege os negros contra a violência, ao contrário, frequentemente os ataca. Outros nacionalistas defendem a criação de escolas de baixa renda só para negros, às vezes só para homens, com o argumento de que os meninos de minorias raciais precisam de exemplos fortes e não conseguem encontrá-los facilmente na escola pública. Outros apoiam escolas charter administradas por negros ou latinos nas grandes cidades. Nacionalistas de todos os tipos questionam a afirmação dominante de que a cultura do Norte da Europa é superior. A maioria apoia a existência de departamentos de estudos étnicos em nível universitário.

No ensino médio, um programa de estudos latinos em pelo menos um distrito (Tucson, Arizona) atraiu a ira de funcionários do estado, que decretaram a proibição de qualquer programa que ensinasse a divisão étnica. Os apoiadores do programa, é claro, ressaltaram que eles estavam meramente ensinando aos estudantes sua própria história e que tivessem orgulho de sua própria cultura. Também enfatizaram que o programa não era fechado a estudantes não latinos e era muito popular. Quando as autoridades locais cederam à ameaça das autoridades estatais de cortar o financiamento do distrito e eliminaram o programa, a comunidade explodiu em revolta. A indignação aumentou quando funcionários da escola retiraram os textos do programa, que incluía *A Tempestade*, de William Shakespeare, *Pedagogia do Oprimido*, de Paulo Freire, e o próprio livro que você está lendo das estantes das salas de aula na frente dos alunos, que choravam assistindo à cena. Em resposta, os defensores do programa organizaram protestos, fizeram passeatas na capital e entraram com uma ação na Justiça Federal. O professor de um instituto universitário de Houston organizou uma caravana de cheia de "*wet books*" da lista de livros proibidos até Tucson, onde os motoristas os entregaram aos estudantes e pedestres nas calçadas da cidade.

Nacionalistas latinos também são favoráveis à preservação da língua espanhola e dos laços com México, Porto Rico, Caribe ou outras nações. Alguns falam em recuperar o que é atualmente o Sudoeste americano para algo próximo à sua condição anterior – a terra mítica de Aztlán.

Tanto os nacionalistas latinos quanto os negros não veem com bons olhos o *passing* – o esforço de abandonar as próprias raízes e se apresentar como branco. Os nacionalistas latinos geralmente rejeitam o termo "hispânico" por causa de sua associação com a Espanha, nação que oprimiu seus antepassados no México e na América Central e do Sul. Nacionalistas valorizam os estudos étnicos e a história como disciplinas vitais e olham com ceticismo membros de seu grupo que namoram, casam ou têm amizades com brancos, ou mesmo para aqueles que procuram emprego em locais de trabalho ou indústrias dominadas pelos brancos. Muitos nacionalistas latinos são simpáticos à ideia de Rodolfo Acuña: que os latinos neste país são uma colônia interna e que deveriam fazer uso desse status colonial para construir solidariedade e resistência. Os nacionalistas costumam se definir como uma nação dentro da nação e afirmar que a lealdade e a identificação das pessoas negras, por exemplo, devem ser primeiro com a própria comunidade e somente de forma secundária com os Estados Unidos.

Uma posição intermediária, adotada por alguns pensadores sofisticados, inclusive por Derrick Bell, neste caso, sustenta que as minorias raciais não devem tentar se encaixar em um sistema econômico e político imperfeito, mas sim transformá-lo. Segundo esse ponto de vista, a busca pelo sucesso, caracterizado por renda elevada, pela representação simbólica e até mesmo por certo grau de influência, tal como o que William espera alcançar, não vale a pena se o próprio sistema permanecer indigno e injusto.

Uma posição moderada, que fica entre a de William e Jamal, defende que é aceitável que as minorias busquem colocações em profissões como Direito, Medicina e Administração, desde que apliquem suas habilidades em benefício das comunidades minoritárias. Assim, não haveria nada de errado com um diploma da Ivy League e o certificado da American Bar Association de William. Mas sua atuação em um escritório corporativo seria problemática; em vez disso, ele devia tornar-se advogado criminalista ou defensor público. Ou, se o Direito Administrativo é sua área, então, assim como Jamal, devia investir suas habilidades em empresas de propriedade de pessoas negras.

Finalmente, uma última posição intermediária sustenta que uma economia americana forte beneficia todos. O sucesso de William como advogado corporativo negro produz riqueza, parte da qual irá se estender às comunidades pobres e minoritárias; e, em todo caso, essas comunidades precisam de exemplos de advogados bem-sucedidos e confiantes como William, que podem chegar a qualquer lugar.

Exercício de sala de aula

Divida sua classe ou grupo de estudos em dois ou mais grupos de acordo com os dois pontos de vista mencionados acima (o de Jamal e o de William). Cada um dos grupos deve dispor de dez minutos para debater e selecionar seu porta-voz, os quais, em seguida, deverão discutir o ponto de vista oposto a partir daquele em que realmente acreditam.

4. Miscigenação

Imagine que Jamal e William têm uma terceira amiga, Rebecca, filha de pai negro que é diretor de escola e de mãe imigrante libanesa que é tradutora simultânea em uma grande agência internacional. Rebecca, cuja pele é parda, tem um cabelo afro curto e cresceu em um subúrbio de classe alta, onde frequentou escolas públicas altamente competitivas. Na faculdade, foi membro tanto da associação de estudantes negros (onde conheceu Jamal e William) quanto da organização estudantil internacional, à qual se juntou para conhecer pessoas do

Oriente Médio, como sua mãe, e praticar a língua árabe. Atualmente, ela cursa o terceiro ano de Medicina e seu sonho é trabalhar nos Médicos Sem Fronteiras, praticando Medicina em áreas remotas do mundo em desenvolvimento. Ela e Jamal já tiveram várias conversas sobre as necessidades médicas das comunidades negras empobrecidas nos Estados Unidos. Jamal defende que ela se dedique às necessidades das pessoas de minorias raciais dentro dos EUA. William, que não se define a respeito desse tema, fica de fora da discussão.

O número de indivíduos miscigenados está crescendo no país, assim como o número de casamentos entre membros de diferentes grupos minoritários.[30] Algumas pessoas miscigenadas têm solicitado uma categoria própria no Censo dos EUA e em outros sistemas oficiais de classificação. Caso contrário, algumas sentem-se forçadas a se desidentificar com um ou outro lado de sua família. Se Rebecca, que poderia ser considerada negra, assim se identifica e, em consequência, escolhe amigos negros como seu principal grupo de colegas, ela não estaria, na verdade, rejeitando a mãe e sua própria ascendência mediterrânea?

Questões e comentários para o capítulo IV

1. Uma mulher asiática levanta a mão numa reunião de feministas brancas que planejam uma passeata para protestar contra o "teto de vidro" em postos de direção corporativa. Quando finalmente a notam, o grupo toma conhecimento de que ela quer saber quando se discutirão as condições opressoras de trabalho na indústria de vestuário. Estaria ela sendo divisionista?

2. Suponha que o grupo responda que a pauta da reunião deve refletir apenas assuntos que dizem respeito a todas as mulheres "como mulheres", e não questões menores setoriais, como das

---

[30] Ver PREWITT, Kenneth, "Fix the Census' Archaic Racial Categories", *N. Y. Times*, 21 de agosto de 2013.

CAPÍTULO IV – OLHANDO PARA DENTRO

costureiras da indústria de vestuário. O grupo está adotando implicitamente uma pauta branca de classe média?

3. As minorias devem fazer um esforço de "se ajustar" a contextos sociais e de trabalho? Por que sim ou por que não? Isso não significaria apenas uma grande quantidade de esforço extra?

4. Se negros ou *chicanos* se sentam em mesas separadas na lanchonete, isso é autossegregação? Brancos devem perguntar educadamente se podem juntar-se a eles?

5. Minorias devem se esforçar para fazer negócios com empresas pertencentes a minorias? Suponha que a firma A e a firma B ofereçam o mesmo produto ou serviço, mas uma é dirigida pelo sr. Gonzalez e a outra por uma pessoa cujos antepassados vieram no *Mayflower*. Qual das duas uma pessoa de minoria racial deve priorizar?

6. Um político conhecido nasce nos Estados Unidos, filho de mãe branca e pai negro queniano. Os pais se separam quando ele ainda é jovem, e ele é criado primeiro pela mãe e, depois, quando ela morre, pelos avós brancos, que o matriculam em escolas de elite. Ele fala inglês sem sotaque, se veste de maneira impecável e se exercita diariamente. Esse político é branco, negro ou nenhum dos dois?

7. Uma pessoa branca pode tentar se passar por negra? Por que ela faria isso?[31]

8. Um membro assimilado integrante de um grupo minoritário pode trabalhar dentro do sistema para realizar reformas que um *outsider* rebelde não conseguiria fazer?

9. Considere a noção de Devon Carbado e Mitu Gulati de identidade performativa no local de trabalho, bem como o conceito de *"covering"* de Kenji Yoshino, segundo o qual gays e lésbicas

---

[31] Ver capítulo 5.

procuram esconder sua identidade. Na identidade performativa, segundo Carbado e Gulati, alguns trabalhadores de minorias raciais carregam o pesado fardo de ter que provar diariamente para os colegas que não são ameaçadores, rudes, incompetentes ou desonestos. Esse esforço é, naturalmente, algo feito para além de suas tarefas de trabalho, resultando em uma espécie de dupla responsabilidade que não é exigida dos demais trabalhadores. As minorias deveriam se recusar a fazer isso? E se a recusa colocar em risco o emprego delas?

Sugestões de leitura

ACUÑA, Rodolfo, *Occupied America* (7th ed., 2010).

AUSTIN, Regina, "'The Black Community'," Its Lawbreakers, and a Politics of Identification", *65 S. Cal. L. Rev.* 1769 (1992).

CARBADO, Devon, & GULATI, Mitu, "Working Identity", *85 Cornell L. Rev.* 1259 (2000).

COLLINS, Patricia Hill, *Black Sexual Politics: African Americans, Gender, and the New Racism* (2005).

CRENSHAW, Kimberlé W., "Demarginalizing the Intersection of Race and Sex: A Black Feminist Critique of Antidiscrimination Doctrine, Feminist Theory, and Antiracist Politics", *1989 U. Chi. Legal F.* 139.

DELGADO, Richard, "Rodrigo's Reconsideration: Intersectionality and the Future of Critical Race Theory", *96 Iowa L. Rev.* 1247 (2011).

HARPALANI, Vinay, "Desicrit: Theorizing the Racial Ambiguity of South Asian Americans", *67 N.Y. U. Ann. Surv. Am. L.* 77 (2013).

HARRIS, Angela P., "Race and Essentialism in Feminist Legal Theory", *42 Stan. L. Rev.* 581 (1990).

JOHNSON, Kevin R. (Ed.), *Mixed-Race America and the Law: A Reader* (2003).

MACKINNON, Catharine A., "From Practice to Theory, or What Is a White Woman, Anyway?", *4 Yale J. L. & Feminism* 13 (1991).

NUNN, Kenneth B., "Law as a Eurocentric Enterprise", *15 Law & Ineq. J.* 323 (1997).

CAPÍTULO IV – OLHANDO PARA DENTRO

ONWUACHI-WILLIG, Angela, "A House Divided: The Invisibility of the Multiracial Family", *44 Harv. C. R.-C. L. L. Rev.* 231 (2009).

WING, Adrien K. (Ed.), *Critical Race Feminism: A Reader* (2nd ed., 2003).

YANCY, George, *Who Is White? Latinos, Asians, and the New Black/Nonblack Divide* (2003).

YOSHINO, Kenji, *Covering: The Hidden Assault on Our Civil Rights* (2007).

CAPÍTULO V
O PODER E A FORMA DO CONHECIMENTO

Com base no capítulo anterior, passaremos a considerar agora outras questões que tratam da relação entre categorias e poder. O capítulo 4 mostrou o papel de pequenos subgrupos dentro das comunidades de direitos civis. Este capítulo aborda a maneira como pensamos sobre raça e identidade – o binômio negro-branco, os estudos críticos da branquitude e o pensamento crítico asiático e latino. Algumas dessas questões são explosivas, controversas e até mesmo causadoras de divisões.

1. O binômio negro-branco

Uma das questões mais polêmicas no pensamento racial americano atual é se a própria estrutura que usamos para considerar os problemas da raça corresponde ou não a um paradigma ou mentalidade binária não declarada. Esse paradigma, o binômio negro-branco, efetivamente dita que os grupos minoritários não negros devem comparar sua condição com a dos afro-americanos para exigir reparações pelas injustiças que sofrem. O paradigma sustenta que um grupo, o dos negros, é o grupo minoritário prototípico. "Raça" significa, por excelência, afro-americano.

Outros, como asiáticos, indígenas americanos e latinos, são minorias apenas na medida em que sua experiência e condição corresponda à dos negros.

Imagine, por exemplo, que Juan Dominguez, um trabalhador porto-riquenho, escute de seu patrão: "Você é um porto-riquenho preguiçoso como todos os demais. Nunca será promovido enquanto eu for supervisor". Juan entra com um processo por discriminação no local de trabalho nos termos de um estatuto do período dos direitos civis, concebido, como a maioria deles, tendo em vista os negros. Ele ganha porque pode provar que um trabalhador afro-americano, tratado de maneira semelhante, teria direito a indenização. Mas suponha que os colegas de trabalho e o supervisor de Juan o ridicularizem por causa de seu sotaque, religião ou local de nascimento. Os afro-americanos geralmente não sofrem discriminação por esses motivos, portanto Juan provavelmente ficaria sem alternativas para entrar com o processo.

Diz-se que o binômio negro-branco também está presente na cultura cotidiana. Imagine que um grupo de executivos liberais de televisão dissessem uns aos outros: "Façamos um seriado de minorias". O grupo é bem intencionado, mas seu pensamento tende a chegar a um programa cujos personagens centrais são uma família negra. Mais tarde, pensando melhor, podem agregar uma faxineira asiática ou um adolescente latino amigo de um dos filhos da família. Mas a estrutura essencial do programa provavelmente girará em torno de problemas, piadas e situações de afro-americanos. Da mesma forma, livros de História podem dedicar espaço considerável à questão extremamente significativa da escravidão mas negligenciar ou dar pouca atenção à intensa perseguição aos chineses na Califórnia e em outros lugares. Muitos também podem ignorar o papel igualmente importante da Conquista e das guerras com o México e Espanha na formação histórica dos latinos. Ainda mais raro seria um livro escolar que discutisse a recente e intensa onda antimuçulmana que se instalou no país nos anos que se seguiram ao 11 de Setembro.

Um conceito intimamente relacionado ao anterior é o de excepcionalismo, negro ou de qualquer outro tipo. O excepcionalismo

CAPÍTULO V – O PODER E A FORMA DO CONHECIMENTO

considera que a história de um grupo é tão característica que colocá-lo no centro da análise é, de fato, justificável. Por exemplo, quando um presidente recente convocou um grupo de acadêmicos e ativistas para encabeçar um debate nacional de um ano sobre raça, em sua primeira reunião o presidente, um eminente historiador afro-americano, propôs que o grupo, "por uma questão de simplicidade", limitasse sua consideração aos afro-americanos. Quando outros membros da comissão protestaram, ele recuou, mas continuou insistindo que estava certo. Uma vez que "a discriminação na América deu seus primeiros passos" contra os negros, e disse, também, que quando alguém compreendesse essa história sórdida também entenderia e saberia como lidar com o racismo contra todos os outros grupos.

Independentemente do que se possa pensar a respeito do excepcionalismo, os críticos do binômio preto-branco têm pelo menos um argumento válido. A tese de racialização diferencial, mencionada anteriormente neste livro[32] e adotada pela maioria dos estudantes contemporâneos da raça, afirma que cada grupo desfavorecido neste país foi racializado de maneira particular e de acordo com os interesses do grupo majoritário em distintos momentos de sua história. Poucos negros serão raivosamente acusados de serem estrangeiros ou de destruírem a indústria automobilística. Poucos terão de ouvir que, se não gostam daqui, devem voltar para o lugar de onde vieram. Poucos (exceto aqueles nascidos no exterior) serão ridicularizados por causa de seu sobrenome impronunciável ou sotaque. Poucos terão um vigilante, policial, professor ou assistente social exigindo conferir os documentos, passaporte ou *green card* deles. Poucos serão questionados se são terroristas. Da mesma forma, poucas pessoas de aparência asiática serão acusadas de serem sanguessugas da assistência social ou de terem muitos filhos fora do casamento.

> Assim, os diferentes grupos raciais podem reagir de forma distinta às calúnias racistas [*citando casos de negros e mexicanos agredidos com apelidos racistas*]... Devido a tal diferenciação, sustentamos que com a apresentação da alegação de dano emocional causado

---

[32] Ver capítulo 1.

intencionalmente, no contexto de uma denúncia de ofensa racista, a raça do autor da denúncia deve condicionar a investigação objetiva sobre a gravidade do sofrimento.[33]

Há muito preocupada com questões de identidade, a sociedade americana prefere colocar seus cidadãos em caixas com base em atributos físicos e culturais. Tal prática não está baseada na ciência, é simplesmente uma questão de hábito e conveniência. Assim como outros paradigmas, o binômio negro-branco permite que as pessoas simplifiquem e deem sentido a uma realidade complexa. E, sem dúvida, é útil para analisar a relação histórica e contemporânea entre negros e brancos americanos. O risco é que grupos minoritários não negros, que não se encaixam na ideia dominante da sociedade americana a respeito de raça, tornem-se marginalizados, invisíveis, estrangeiros, não americanos.

O paradigma negro-branco, ou qualquer outro paradigma de raça, não só simplifica perigosamente a análise ao explicar o progresso racial como uma progressão linear como pode acabar prejudicando o próprio grupo – por exemplo, negros – que se coloca no centro da discussão. Esse paradigma diminui a solidariedade, reduz as oportunidades de coalizão entre grupos, priva-os dos benefícios do compartilhamento de experiências, torna-os excessivamente dependentes da aprovação do establishment branco, e, dessa maneira, cria condições para frustrações futuras. Pense em algumas das formas de como isso pode acontecer.

A história das minorias raciais nos Estados Unidos mostra que enquanto um grupo está ganhando terreno, outro muitas vezes está perdendo espaço. Por exemplo, em 1846, os Estados Unidos travaram uma guerra sangrenta contra o México, na qual se apoderaram de cerca da metade do território daquela nação. Mais tarde, advogados e colonos sedentos por terras conspiraram com os tribunais e autoridades locais para despojar os mexicanos que optaram por permanecer no território conquistado de suas terras, contrariando o que havia sido garantido anteriormente pelo tratado de paz. Apenas alguns anos depois, o Norte

---

[33] Caso Taylor v. Metzger, *706 A.2nd* 685, 698 (N. J., 1998).

travou uma guerra corajosa e igualmente sangrenta contra o Sul, alegando a necessária libertação dos escravos. Durante a Reconstrução, a escravidão foi abolida e uma importante legislação foi promulgada em benefício dos negros recém-libertos. No entanto, ao mesmo tempo, o Congresso aprovava a odiosa Lei de Apropriação Indígena, estipulando que nenhuma nação indígena constituía entidade independente capaz de celebrar tratados com os Estados Unidos. Para piorar a situação, não muito tempo depois, a Lei Dawes dividiu as terras comunais das tribos, resultando na perda de quase dois terços de todas as terras indígenas. E, em 1882, o Congresso aprovou a Lei de Exclusão de Chineses; antes, a Califórnia havia tornado crime a contratação de trabalhadores chineses.

Assim, o pensamento binário, que se concentra em apenas dois grupos, geralmente o branco e algum outro, pode ocultar o complexo tabuleiro do progresso e do retrocesso racial e esconder a forma como a sociedade dominante muitas vezes lança grupos minoritários uns contra outros, em detrimento de cada um deles. Imediatamente após a Guerra Civil, o exército recrutou escravos recém-libertos para servir como Bufallo Soldiers e derrotar as rebeliões indígenas no Oeste. Pouco tempo depois, os proprietários de plantações do Sul pressionaram pela substituição de seus ex-escravos por mão de obra chinesa. O Congresso aceitou. Considere também o voto divergente do juiz da Suprema Corte Harlan em Plessy v. Ferguson,[34] que repreendeu severamente a segregação de negros mas justificou seu ponto de vista menosprezando chineses, que tinham o direito de andar em vagões ferroviários com brancos. Mais recentemente, durante a campanha da Proposição 187 da Califórnia, os proponentes dessa medida anti-imigração buscaram os votos negros retratando os imigrantes mexicanos como recém-chegados que roubavam o emprego deles. E, nos últimos anos, as forças anti-imigração vêm atiçando o sentimento público contra muçulmanos nas comunidades minoritárias e de trabalhadores da indústria apelando para o patriotismo.

---

[34] Reproduzido em parte no capítulo 2.

Além de colocar um grupo minoritário contra outro, o pensamento binário pode induzir um deles a se identificar com os brancos de forma exacerbada, à custa de outros grupos. Por exemplo, no início da história da Califórnia, os asiáticos tentaram ser declarados brancos, para que pudessem frequentar escolas para brancos e não tivessem que frequentar escolas com negros. E no Sudoeste, os primeiros litigantes americanos de origem mexicana buscavam uma política *"other white"*, argumentando que a segregação de americanos de origem mexicana era ilegal porque a legislação local só contemplava a segregação contra negros. Organizações comunitárias como a Liga dos Cidadãos Latino-Americanos Unidos reagiram à discriminação desenfreada contra seus membros, insistindo que a sociedade tratasse latinos como brancos.

Os padrões anglocêntricos de beleza dividem as comunidades mexicana e negra, permitindo que aqueles que mais se aproximam do ideal euroamericano consigam empregos, companheiros desejados e aceitação social e, às vezes, olhem com desprezo para seus irmãos e irmãs de pele mais escura. Da mesma forma, o *"box checking"* permite que pessoas de aparência branca ou próxima a ela gozem benefícios de ações afirmativas sem sofrer o custo de serem consideradas e tratadas como negras ou pardas.

O binômio negro-branco ou qualquer outro tipo de pensamento binário também pode fazer com que um grupo minoritário se alinhe num estratagema recorrente no qual brancos selecionam um determinado grupo – normalmente um grupo pequeno e não ameaçador –, cujos membros passam a servir como símbolos e supervisores dos demais grupos minoritários. As minorias que caem nessa armadilha esperam ganhar status, enquanto os brancos podem afirmar a si mesmos que não são racistas porque empregam um certo número de indivíduos de minorias muito agradecidos como supervisores, assistentes decanos e diretores de recursos humanos.

Finalmente, o pensamento dicotômico e o excepcionalismo afetam a capacidade de criar alianças dos grupos. Por exemplo, nem a NAACP nem qualquer outra organização predominantemente afro-americana apresentou um *"amicus brief"* desafiando o confinamento japonês no

CAPÍTULO V – O PODER E A FORMA DO CONHECIMENTO

caso Korematsu v. United States da Segunda Guerra Mundial. Como mencionado anteriormente, uma organização política moderada de defesa de latinos se distanciou de outros grupos minoritários e até mesmo de latinos de pele mais escura ao adotar uma estratégia *"other white"* em meados do século XX. E, no norte da Califórnia, asiáticos, americanos de origem mexicana e negros travaram uma disputa ferrenha pela admissão nas prestigiosas Lowell High School e Universidade da Califórnia em Berkeley e Los Angeles.

Será que um dia grupos minoritários aprenderão a deixar de lado o nacionalismo estreito e o pensamento binário e trabalharão juntos para enfrentar as forças que os oprimem? Parece que eles têm muito a ganhar, mas antigos padrões de pensamento demoram a morrer. Se o contextualismo e a teoria crítica ensinam alguma coisa é que raramente desafiamos nossos próprios preconceitos, privilégios e pontos de vista a partir dos quais raciocinamos.

> Embora não tão evidente quanto raça ou cor, para uma pessoa que nasceu e viveu num país estrangeiro por um tempo o sotaque não é tão fácil de mudar. Este tribunal não pode dar o devido conhecimento jurídico a decisões trabalhistas adversas tomadas simplesmente porque uma pessoa fala com sotaque estrangeiro. O tribunal reconhece que em alguns casos um sotaque estrangeiro pode realmente impedir a pessoa de executar tarefas exigíveis para conseguir emprego ou promoção... todavia empregadores não devem tomar decisões trabalhistas prejudiciais simplesmente porque a pessoa tem sotaque resultante de nascimento e vivência em país estrangeiro.
>
> É voto deste tribunal, a partir das provas e da observação do discurso do autor no julgamento, que seu sotaque não prejudica sua capacidade de comunicação nem o impede de realizar quaisquer tarefas exigidas pelo cargo de supervisor... Consequentemente, este tribunal considera que a decisão de demitir o autor da função de supervisão... foi tomada com base em sua nacionalidade

e no seu sotaque, e que esta decisão violou os direitos do autor nas disposições do Título VII.[35]

2. Estudos críticos da branquitude

Outra área de pesquisa crítica é o estudo da raça branca. Durante vários séculos, pelo menos, os cientistas sociais têm estudado comunidades raciais minoritárias, discursando de forma erudita sobre sua história, cultura, problemas e perspectivas futuras. Agora uma nova geração de acadêmicos tem focado a branquitude e examinado a construção da raça branca. Se, como a maioria dos pensadores contemporâneos acredita, a raça não tem um significado objetivo ou biológico mas é construída pelo ambiente social e pelas disputas de poder, como surgiu a raça branca na América, ou seja, como chegou a se definir? Ian Haney López, Cheryl Harris, Tim Wise, David Roediger, Alexander Saxton e Theodore Allen abordam vários aspectos dessa questão. As diferenças físicas entre negros de pele clara e brancos de pele escura, apenas para dar um exemplo, são muito menos marcadas do que aquelas que separam membros situados nos extremos dos grupos determinados. Por que então traçamos os limites dessa forma? Tratar essa questão inclui examinar coisas como o significado de ser branco; a consolidação legal da branquitude; como certos grupos entraram e saíram da raça branca, o *"passing"*, a *"one-drop rule"'*; o fenômeno do poder branco e da supremacia branca; e a gama de privilégios que vem com o pertencer à raça dominante.

Na semântica da cultura popular, a branquitude está muitas vezes associada à inocência e à bondade. As noivas usam branco no dia do casamento para simbolizar a pureza. A Branca de Neve é um conto de fadas universal sobre a virtude que recebe sua justa recompensa. Ao falar das experiências de quase-morte, muitos pacientes relatam uma luz branca ofuscante, talvez a projeção de um encontro esperado com uma força espiritual positiva e benigna.

---

[35] Caso Carino v. University of Oklahoma, *25 Fair Empl. Proc. Cas. (BNA)* 1332 (W. D. Okla., 1981).

CAPÍTULO V — O PODER E A FORMA DO CONHECIMENTO

Em contraste, o escuro e o negro muitas vezes carregam conotações de maldade e da ameaça. Basta ler *Coração das Trevas,* de Joseph Conrad, para ver o quanto imagens relacionadas à escuridão transmitem o mal e o terror. Dizemos que a "coisa tá preta". Pessoas consideradas inaceitáveis para um determinado grupo são colocadas na "lista negra" ou recebem a "bola preta". Os vilões são muitas vezes retratados com pele morena ou roupas escuras.

A branquitude também é normativa; ela define o padrão em dezenas de situações. Talvez seja até uma espécie de direito de propriedade. Outros grupos, tais como indígenas americanos, latinos, afro-americanos e americanos de origem asiática, são descritos como não brancos. Ou seja, eles são definidos em relação ou por oposição à branquitude – ou a algo que eles não são. A literatura e a mídia reforçam essa visão de minorias como o outro exótico. As minorias aparecem em papéis de vilão ou como amantes românticos e hipersexualizados. Filmes de ficção científica e programas de televisão retratam extraterrestres com traços e cor de pele semelhantes aos das minorias.

Se a literatura e a cultura popular reforçam a superioridade branca, o Direito e os tribunais têm feito o mesmo. Nos cinquenta anos que se seguiram à Guerra Civil, um grande contingente de pessoas procurou entrar nos Estados Unidos, tornando a política de imigração um tema de grande importância. A última década do século XIX e as duas primeiras do século XX foram um período de imigração particularmente intensa. Quem podia entrar no jovem país? Em 1790, o Congresso restringiu a naturalização (obtenção da cidadania norte-americana) apenas a pessoas brancas livres. Com pequenas modificações, essa exigência de qualificação racial se manteve oficialmente até 1952.

Durante os mais de 150 anos em que permaneceu em vigor, os tribunais dos EUA tiveram que julgar muitos casos determinando quem era branco e quem não era. Os indianos são brancos? E os persas? E o que dizer dos japoneses de pele clara? Ou dos filhos de casamentos mistos, de um pai do Canadá e de uma mãe da Indonésia, por exemplo? Os juízes desenvolveram dois testes – a "ciência" e o "conhecimento comum" – para decidir sobre essas questões. A leitura da história desses votos jurídicos forçados, muitas vezes abertamente racistas, elimina qualquer convicção de que o sistema de justiça americano é justo, consistente ou sensato.

A definição jurídica de branquitude tomou forma no contexto da legislação de imigração, pois os tribunais decidiram quem devia ter o privilégio de viver nos Estados Unidos. Tal como muitos cidadãos comuns, os juízes definiram a raça branca em oposição à negritude ou alguma outra forma de alteridade, uma oposição que também traçou uma linha divisória entre privilégio e seu inverso. Somente aqueles considerados brancos eram dignos de ingressar em nossa comunidade.

> O apelante é pessoa da raça japonesa nascida no Japão [que] solicitou a cidadania americana na Vara Distrital dos Estados Unidos para o Território do Havaí. Sua petição foi contestada pelo promotor público dos Estados Unidos... Incluindo o período de sua residência no Havaí, o apelante residiu continuamente nos Estados Unidos por vinte anos. Ele se formou numa escola secundária de Berkeley, Califórnia, foi estudante da Universidade da Califórnia por quase três anos, educou seus filhos em escolas americanas, sua família frequentou igrejas americanas e adotou o uso da língua inglesa em sua casa. Ou seja, está qualificado, por seu caráter e educação, para a concessão da cidadania.
>
> A Vara Distrital... no entanto, decidiu que, tendo nascido no Japão e sendo da raça japonesa, não era elegível para naturalização nos termos da seção 2169 dos Estatutos Revisados... e negou a petição...
>
> Em nome do apelante, pede-se que se dê à [seção 2169] o significado que tinham em mente seus autores originais em 1790, e que foi empregado por eles com o único propósito de excluir a raça negra ou africana e os índios que então habitavam este país... Não é suficiente dizer que os autores não tinham em mente as raças pardas ou amarelas da Ásia. É necessário ir mais longe e ser capaz de afirmar que se essas raças específicas tivessem sido sugeridas, a linguagem da lei teria mudado a ponto de incluí-las...

CAPÍTULO V – O PODER E A FORMA DO CONHECIMENTO

O apelante, no caso agora em consideração... é claramente de uma raça não caucasiana.[36]

Outro aspecto da construção da branquitude é a forma como certos grupos têm "entrado" ou "saído" dessa raça. Por exemplo, no início de nossa história, irlandeses, judeus e italianos eram considerados não brancos – ou seja, estavam no mesmo nível dos afro-americanos. Com o tempo, ganharam as prerrogativas e a reputação social dos brancos por um processo que incluiu a filiação a sindicatos, juramentos de fidelidade ao Partido Democrata e crescimento de sua riqueza, às vezes por meios ilegais ou clandestinos. A branquitude, como se vê, não é apenas valiosa; ela é variável e maleável.

Uma manifestação recente da consciência branca é sua forma exacerbada encontrada na supremacia branca e nos grupos de poder branco. Com essas organizações, a solidariedade branca apresenta problemas e ameaças que a solidariedade negra não apresenta. Quando membros de um grupo minoritário se unem para obter apoio social e político, a maioria dos observadores verá essa ação como uma resposta natural e adequada contra as tensões sociais. Mas e se os membros do grupo racial majoritário se unissem para promover seus interesses em detrimento daquelas mesmas minorias? A formação de grupos supremacistas arianos e skinheads é um lembrete constante de quão facilmente a grande satisfação de ser branco deteriora-se em extremismo. Enquanto escrevemos, o movimento Tea Party e seguidores estão exortando uns aos outros a "retomar nosso país". Alguns de seus comícios têm exibido cartazes que ridicularizam o presidente Barack Obama ou o retratam com traços raciais exagerados. Uma facção "*birther*" ainda questiona seu direito de ocupar cargos e insiste que ele prove ter nascido nos Estados Unidos. Eles também defendem o fim da assistência social, das ações afirmativas e de outros programas especiais de interesse das pessoas pobres e de minorias raciais. Quanto dessa oposição origina-se do incômodo com um líder não branco?

---

[36] Caso Takao Ozawa v. United States, *260 U. S.* 178, 189–90, 195, 198 (1922).

O "privilégio branco" refere-se à infinidade de vantagens sociais, benefícios e cortesias que decorrem do fato de ser um membro da raça dominante. Imagine um homem negro e um homem branco igualmente qualificados, entrevistados para a mesma vaga em uma empresa. O entrevistador é branco. O candidato branco pode se sentir mais à vontade com o entrevistador por causa das conexões sociais que eles compartilham como membros do mesmo grupo. O entrevistador pode convidar o candidato branco para jogar golfe mais tarde. Com a impressão de que poucos negros jogam golfe, e para não ofender, ele talvez não convide o candidato negro para jogar. Este exemplo torna-se especialmente revelador quando se considera que a maioria dos cargos de poder corporativos, apesar dos avanços simbólicos, ainda está nas mãos dos brancos.

Segundo uma famosa lista elaborada por Peggy McIntosh, os brancos beneficiam-se e podem contar com 46 privilégios que se relacionam com o fato de ter a pele branca, incluindo a certeza de que os seguranças da loja não os seguirão, que as pessoas não atravessarão a rua para evitá-los à noite, que suas conquistas não serão consideradas excepcionais ou creditadas à sua raça e que seus erros ocasionais não serão atribuídos a nenhuma inferioridade biológica. Estudiosos do privilégio branco escrevem que os brancos se beneficiam de um sistema de favores, trocas e cortesias do qual as pessoas de minorias raciais são frequentemente excluídas, tais como a contratação dos filhos da vizinhança para empregos de verão, acordos com professores para que um aluno favorecido realize tarefa extra que lhe permitirá melhorar sua nota, ou dispor de rede de contatos discreta que permite ao candidato conseguir o cargo desejado.

Isso levou um comentarista a observar que nosso sistema de raças é como uma hidra de duas cabeças. Uma cabeça corresponde ao racismo aberto – a opressão de algumas pessoas por serem quem são. A outra consiste no privilégio branco – um sistema pelo qual os brancos ajudam-se e amparam-se uns aos outros. Se cortarmos uma única cabeça, digamos, a do racismo absoluto, mas deixarmos a outra intacta, nosso sistema de brancos oprimindo negros/pardos permanecerá praticamente inalterado. O dilema da reforma social, como um escritor salientou, é que "tudo deve

CAPÍTULO V – O PODER E A FORMA DO CONHECIMENTO

mudar de uma vez". Caso contrário a mudança é engolida pelos elementos restantes, de modo que permanecemos mais ou menos como estávamos antes. A cultura se reproduz continuamente e de forma inelutável.

Uma versão do privilégio branco aparece às vezes em discussões sobre ações afirmativas. Muitos brancos sentem que esses programas os vitimizam, que candidatos brancos mais qualificados serão obrigados a sacrificar sua vaga para minorias menos qualificadas. Então, as ações afirmativas são um caso de "discriminação reversa" contra os brancos? Parte do argumento de que isso existe se baseia na suposição implícita de que as ações afirmativas excluem pessoas brancas inocentes dos processos de seleção. A narrativa por trás dessa suposição caracteriza brancos como inocentes, uma metáfora poderosa, e negros como – o quê? Provavelmente, o oposto de inocentes, ou seja, culpados. Eles são como ladrões que entram onde não devem e levam coisas que outros conquistaram com muito trabalho.

Por outro lado, muitos teóricos críticos da raça e cientistas sociais afirmam que o racismo é disseminado, sistêmico e profundamente arraigado. Se assumirmos essa perspectiva, então nenhum membro branco da sociedade parecerá tão inocente. O conjunto de significados que se atribui à raça; os estereótipos que se têm de outras pessoas; os padrões de estilo, aparência e beleza; e a necessidade de preservar a própria condição, tudo isso determina poderosamente a perspectiva de cada um. De fato, um dos aspectos da branquitude, segundo alguns acadêmicos, é sua capacidade de parecer transparente ou isenta de perspectivas. Os brancos não se veem como pertencentes a uma raça mas simplesmente como pessoas. Eles não consideram que pensam e raciocinam a partir de um ponto de vista branco, mas sim de um ponto de vista universalmente válido – "a verdade" –, o que todos sabem. Do mesmo modo, muitos brancos negarão categoricamente que se beneficiam do privilégio branco, mesmo em situações como as mencionadas ao longo deste livro (golfe, empregos de verão, créditos extras, comerciantes que lhes sorriem).[37]

---

[37] Ver BERTRAND, Marianne & MULLAINATHAN, Sendhil, "Are Emily and Greg More Employable than Lakisha and Jamal?", *94 Am. Econ. Rev.* 991 (Sept. 2004).

Exercício de sala de aula

Imagine uma judia russa órfã aos dois anos de idade que migra para os Estados Unidos aos quinze anos sem um centavo no bolso e nenhum conhecimento de inglês. Ela frequenta a escola noturna trabalhando como embaladora de supermercado durante o dia e planeja entrar numa faculdade comunitária para cursar estudos preparatórios de Medicina.

Ela é branca, de olhos azuis e cabelos loiros. Ela é privilegiada? É desfavorecida? Ou é privilegiada em alguns aspectos e desfavorecida em outros?

Dividam-se em grupos pequenos e discutam essa questão. Em seguida, questionem-se se o privilégio branco tem alguma aplicação para além de um círculo restrito de escolas preparatórias de elite.

3. Outros desdobramentos: o pensamento crítico latino e asiático, a teoria crítica feminista da raça, a teoria LGBT

À medida que as linhas cintilantes do binômio negro-branco perdem sua nitidez, os pensadores críticos asiáticos e latinos passam a sentir-se mais livres para apresentar suas próprias perspectivas. Estimulados, talvez, pela vertente antiessencialista da teoria crítica da raça, os estudiosos do LatCrit têm chamado a atenção para questões como imigração, direitos linguísticos, ensino bilíngue, colonialismo interno, abrigo para refugiados latino-americanos e categorias para latinos no Censo. Eles começaram desafiando a "discriminação por traço" [*proxy discrimination*], na qual discriminadores atacam latinos com base em sotaque, nome ou ascendência estrangeira. Reexaminam documentos como o Tratado de Guadalupe Hidalgo em busca de fontes para proteção de direitos ao território, à cultura

CAPÍTULO V – O PODER E A FORMA DO CONHECIMENTO

e à língua originária.[38] Assim como os asiáticos, muitos latinos se opõem vigorosamente ao movimento *english-only* e se envolvem em discussões acaloradas sobre *passing* e assimilação.[39] Eles empregam a noção sociológica de nativismo para nomear e explicar a série recente de medidas orientadas a estrangeiros e imigrantes, incluindo leis de "causa provável" que encorajam a polícia a parar e interrogar quem aparente ser estrangeiro ou punir qualquer pessoa que ajude, contrate ou alugue um apartamento para uma pessoa sem documentos. Eles apontam que o nativismo contra latinos e asiáticos prospera em tempos de dificuldades econômicas, quando há oferta excedente da mão de obra, quando os trabalhadores estão inseguros e quando os políticos atacam os estrangeiros acusando-os de roubar empregos americanos. Ambos os grupos resistem com firmeza ao paradigma do negro-branco, mas tentam manter relações amigáveis com afro-americanos. Eles também apoiam os ativistas pró-imigração, como os estudantes "Dreamers" e suas famílias, que protestam contra as políticas draconianas de imigração e deportação. Apoiam histórias de grupos minoritários não negros, a exemplo da nova exposição do Museu da Imigração de Ellis Island, que mostra histórias de mexicanos que cruzam a fronteira, suas rotas e seu trabalho.

Alguns escritores americanos de origem asiática se concentram na discriminação por sotaque e no "mito da minoria modelo", segundo o qual os asiáticos são o grupo minoritário perfeito, tranquilo e laborioso, com famílias íntegras e grande ambição e êxito acadêmicos. Esse mito é injusto para com os numerosos subgrupos asiáticos, como hmong e os contingentes oriundos das ilhas do Pacífico, que tendem a ser pobres e precisar de assistência. Também causa ressentimento entre outros grupos desfavorecidos, como afro-americanos, que são culpabilizados por não serem tão bem-sucedidos quanto os asiáticos supostamente são. ("Se eles conseguem, por que vocês não?")

---

[38] Ver casos Lobato v. Taylor, *71 P. 3rd* 938 (Colo., 2002) e Mabo v. Queensland, *1991 WL* 1290806 (HCA, 1992).

[39] Ver capítulo 4.

Aliado ao mito da minoria modelo está a ideia de que os asiáticos são parasitas excessivamente frios e mal-humorados, cujos países de origem são culpados pelos problemas periódicos da economia dos Estados Unidos. Tal foi o trágico destino do americano de origem chinesa Vincent Chin, morto em 1982 por dois trabalhadores de Detroit zangados pelo fato de o Japão ter arruinado a indústria automobilística dos EUA ao produzir carros melhores. Para piorar a situação, os tribunais americanos às vezes têm sido relutantes em punir crimes de cunho racial contra asiáticos, impondo penas leves. Pelo assassinato de Chin, os dois agressores receberam penas de três anos de liberdade condicional e pequenas multas. Nenhum dos dois passou sequer um dia na cadeia.

Durante a Segunda Guerra Mundial, quando mais de cem mil famílias japonesas vivendo na Costa Oeste foram confinadas em campos de concentração, nos quais passaram anos atrás de arame farpado, muitos deles perdendo fazendas e empresas nesse processo, poucos americanos protestaram. Mais tarde descobriu-se que muitas das provas de traição e espionagem haviam sido forjadas. De fato, a maioria dos nipo-americanos apoiou o esforço de guerra, e muitos jovens nipo-americanos serviram honrosamente nas Forças Armadas americanas, lutando contra os nazistas na Europa e atuando como intérpretes na batalha contra o Japão. Apesar desse capítulo lamentável na história dos Estados Unidos, o país demorou a considerar a indenização por suas perdas. Os descendentes de nipo-americanos herdaram um passado de suspeitas e preconceitos. Um projeto de lei de reparações só entrou em vigor depois de 1988.

> Gordon Hirabayashi é cidadão americano nascido em Seattle, Washington, em 1918, e atualmente é Professor Emérito de Sociologia da Universidade de Alberta. É descendente de japoneses. Em 1942 vivia em Seattle e estava, portanto, sujeito a ordens marciais que exigiam que toda pessoa de ascendência japonesa, fosse cidadã ou não, permanecesse em sua residência entre as 20h e as 6h. Posteriormente, também recebeu ordem de se apresentar a um posto de controle civil para... ser transferido à área de exclusão militar. Hirabayashi recusou-se a cumprir o toque de recolher e a se apresentar no posto de controle porque acreditava que as ordens estavam baseadas em preconceitos raciais

e violavam a proteção que a Constituição concede a todos os cidadãos. A Suprema Corte reviu sua sentença por violar o toque de recolher e decidiu por unanimidade...

Em seu pedido de *revisão criminal*, Hirabayashi argumentou que o relatório original [das autoridades da Costa Oeste]... e, recentemente, documentos relacionados vindos a público [provaram] que o toque de recolher e as ordens de exclusão estavam de fato baseados em preconceito racial e não em evidências militares...

A sentença... foi anulada e a matéria deve ser remetida com instruções para deferir a petição de Hirabayashi para que ambas as condenações sejam revogadas.[40]

De fato, na campanha presidencial de 2016, um dos candidatos apresentou a proposta de proibir a entrada de muçulmanos nos Estados Unidos, citando, como exemplo, a ordem executiva do presidente Franklin Roosevelt de enviar os japoneses para campos de concentração em tempos de guerra.

Por fim, nos últimos anos, vários estudiosos da raça têm examinado questões na intersecção entre feminismo, orientação sexual e teoria crítica da raça. A teoria crítica feminista da raça aborda questões de interseccionalidade, como as descritas no capítulo 4. Também analisa as relações entre homens e mulheres de cor; a esterilização das mulheres negras, latinas e indígenas; e o impacto das mudanças no sistema de proteção social, nas políticas públicas para as famílias e na legislação de proteção à infância. Também analisa a forma como o padrão do "homem razoável" que opera em muitas áreas do Direito traz consigo um viés masculino branco, tornando difícil para uma mulher ou uma pessoa não branca obter justiça nos tribunais americanos.

Os teóricos LGBT (*"queer-crit"*) analisam a interação entre as normas sexuais e a raça. Por que os homens latinos às vezes são retratados como amantes ardentes, ou os asiáticos como assexuados ou afeminados? O sexo e a orientação sexual fazem parte da construção do status racial de

---

40 Caso Hirabayashi v. United States, *828 F. 2nd* 591, 592–93, 608 (9th Cir., 1987).

minorias? E quanto ao movimento dos direitos civis ou o movimento de libertação *chicano* — eles são historicamente homofóbicos? Casualmente ou por natureza? Os gays e as lésbicas são marginalizados pela necessidade que esses grupos têm de parecerem modelos exemplares de americanos?

Questões e comentários para o capítulo V

1. Se um afro-americano afirma que, devido à escravidão, os negros são realmente uma exceção e deveriam ter prioridade sobre outros grupos em empregos e programas sociais, ele ou ela está reivindicando uma forma de direito de propriedade da negritude?[41] Ou demonstrando ignorar a história de outros grupos?

2. O privilégio branco existe? Se você acha que existe, dê um exemplo. E o privilégio negro, *chicano* ou asiático? E o privilégio de ser naturalmente desinibido com seus amigos?

3. Se a escravidão é elemento central e fundacional na história dos negros nos Estados Unidos, qual sua relevância para latinos? E para indígenas? E para os asiáticos?

4. Se é legítimo que uma escola tenha uma organização estudantil negra ou latina, é igualmente legítimo permitir que estudantes brancos criem uma organização estudantil branca? E que utilizem as taxas estudantis para financiá-la?

5. Não seria lógico que negros, latinos, asiáticos e nativos americanos se unissem em uma coalizão forte para enfrentar o sistema de poder que os oprime a todos? O que os impede de fazê-lo?

6. Latinos e indígenas americanos são uma exceção? Americanos de origem asiática? Todos esses grupos são uma exceção?

---

[41] Ver HARRIS, Cheryl, "Whiteness as Property", *106 Harv. L. Rev.* 1707 (1993).

CAPÍTULO V – O PODER E A FORMA DO CONHECIMENTO

7. Que grupos deveriam ter uma categoria própria no Censo dos EUA? Durante certos períodos, os latinos tiveram uma categoria própria, mas em outros momentos não. Eles são uma raça? São uma etnia? O que é um hispânico?

8. Indivíduos multirraciais deveriam ter uma categoria censitária própria? Diversas categorias? Quantas?

9. Suponha que os colegas de trabalho de um trabalhador latino ridicularizem seu almoço e o chamem de "comedor de taco". Eles também brincam com o fato de a família dele ser de *"wetbacks"*[42] e com o fato de seus amigos serem "colhedores de alface".[43] O trabalhador pode abrir um processo de discriminação racial nos termos do estatuto federal dos direitos civis? Se sua resposta é não, é porque você adotou, conscientemente ou não, um paradigma binário negro-branco de raça?

10. Um programa policial que vigia muçulmanos e mesquitas é racista? Ou é apenas uma medida prudente que visa aumentar a segurança de todos os americanos? Será que vai entrar para a história como uma ação vergonhosa, assim como os campos de concentração de japoneses?

Sugestões de leitura

ALLEN, Theodore, *The Invention of the White Race,* vols. 1-2 (1994, 1997).

BROOKS, Roy L. & WIDNER, Kirsten, "In Defense of the Black/White Binary: Reclaiming a Tradition of Civil Rights Scholarship", *12 Berkeley J. Afr.-Am. L. & Pol'y* 107 (2010).

---

[42] O termo deriva da "Operação Wetback", ação militar realizada em 1954 na fronteira mexicana, para impedir a entrada de imigrantes ilegais nos EUA.

[43] Ver casos Alvarado v. Shipley Donut Flour & Supply Co., Inc., *526 F. Supp. 2nd* 746 (S. D. Tex., 2007), Lopez v. Union Car. Co., *8 F. Supp. 2nd* 832 (N. D. Ind., 1998) e Machado v. Goodman Mfg. Co., *10 F. Sup. 2nd* 709 (S. D. Tex., 1997).

DELGADO, Richard, "Derrick Bell's Toolkit: Fit to Dismantle tThat Famous House?", *75 N.Y. U. L. Rev.* 283 (2000).

DELGADO, Richard & STEFANCIC, Jean (Eds.), *Critical White Studies: Looking behind the Mirror* (1997).

FEAGIN, Joe R., *The White Racial Frame: Centuries of Racial Framing and Counter-framing* (2009).

GOMEZ, Laura, *Manifest Destinies: The Making of the Mexican American Race* (2007).

HANEY LÓPEZ, Ian F., *White by Law: The Legal Construction of Race* (10th Anniversary ed., 2006).

HARRIS, Cheryl I., "Whiteness as Property", *106 Harv. L. Rev.* 1707 (1993).

IGNATIEV, Noel, *How the Irish Became White* (1995).

ISENBERG, Nancy, *White Trash: The 400-Year Untold History of Class in America* (2016).

MCINTOSH, Peggy, *White Privilege and Male Privilege: A Personal Account of Coming to See Correspondences through Work in Women's Studies* (1988).

PEREA, Juan F., "The Black/White Binary Paradigm of Race", *85 Cal. L. Rev.* 1213 (1997).

ROEDIGER, David R., *The Wages of Whiteness: Race and the Making of the American Working Class* (paperback ed., 2007).

ROSS, Thomas, "Innocence and Affirmative Action", *43 Vand. L. Rev.* 297 (1990).

SAUCEDO, Leticia, "The Browning of the American Workplace", *80 Notre Dame L. Rev.* 303 (2004).

TAKAKI, Ronald T., *Strangers from a Different Shore: A History of Asian Americans* (rev. ed., 1998).

VALDES, Francisco, "'Queers, Sissies, Dykes, and Tomboys: Deconstructing the Conflation of '"Sex',"' '"Gender',"' and '"Sexual Orientation'" in Euro-American Law and Society", *83 Calif. L. Rev.* 1 (1995).

WILDMAN, Stephanie, with contributions by ARMSTRONG, Margalynne, DAVIS, Adrienne D. & GRILLO, Trina, *Privilege Revealed: How Invisible Preference Undermines America* (1996).

WILLIAMS, Robert A., *Linking Arms Together: American Indian Visions of Law and Peace* (rev. ed., 1999).

WISE, Tim, *Dear White America: Letter to a New Minority* (paperback ed., 2012).

WU, Frank, *Yellow: Race in America beyond Black and White* (paperback ed., 2003).

CAPÍTULO VI
CRÍTICAS E RESPOSTAS AOS CRÍTICOS

Como demonstrou Thomas Kuhn, os paradigmas resistem à mudança. Não deve ser surpresa, portanto, que a teoria crítica da raça, que procura mudar o paradigma do pensamento vigente sobre os direitos civis, tenha suscitado resistência obstinada. Durante os primeiros anos do movimento, a mídia tratou a teoria crítica da raça de forma relativamente gentil. Contudo, à medida que ela amadurecia, os críticos se sentiram mais livres para se manifestar. Algumas das áreas que chamaram a atenção da crítica foram o *storytelling*; a crítica do mérito, da verdade e da objetividade, e a questão da voz das minorias. Muitas dessas críticas iniciais estão listadas nas sugestões de leitura ao final deste capítulo. Aqui retomamos apenas algumas delas.

1. Críticas "externas"

Entre as críticas iniciais, uma de Randall Kennedy e outra de Daniel Farber e Suzanna Sherry são marcantes. Kennedy discordou da ideia de que os estudiosos das minorias tivessem uma "voz" única sobre questões raciais. Ele também criticou o movimento por acusar estudiosos do *mainstream* de ignorarem as contribuições dos escritores de minorias raciais, uma acusação que encontrou sua expressão mais contundente no artigo "Imperial Scholar", de Richard Delgado. Kennedy argumentou que o campo de estudos jurídicos é como um mercado. Bons artigos e livros atraem "compradores" – reconhecimento, citação, reimpressões. Portanto, afirmar que certos textos caem no esquecimento não prova, por si só, a discriminação. Primeiro é necessário considerar que esses artigos eram de alta qualidade e merecedores de reconhecimento. Desse modo, Kennedy acusa os *crits* de não questionarem suas próprias premissas e pintarem-se como vítimas quando não haviam demonstrado que mereciam tratamento melhor que o recebido.

Farber e Sherry, por sua vez, acusam os teóricos críticos da raça de se esconderem atrás de histórias e narrativas pessoais para defender seus pontos de vista, e de não respeitarem as noções tradicionais de verdade e mérito. Citando o exemplo de judeus e asiáticos – dois grupos minoritários que alcançaram níveis elevados de sucesso pelos padrões convencionais – argumentam contra a ideia de que o jogo é montado em prejuízo das minorias. Se os testes e padrões convencionais são injustos e tendenciosos contra minorias, como afirmam os *crits*, como se explica o sucesso desses dois grupos? Eles trapaceiam ou tiveram vantagens injustas? São plagiadores e parasitas sem imaginação? Qualquer possível explicação seria inadmissível. Portanto, a crítica do mérito feita pela TCR é implicitamente antissemita e antiasiática.

As respostas dos *crits* não demoraram. Em uma série de artigos, incluindo um debate especial na *Harvard Law Review*, teóricos críticos da raça e seus defensores argumentaram que Randall Kennedy era responsável por afirmações falsas e por uma leitura propositalmente desfavorável dos textos da TCR. Ao abordar o novo movimento através de critérios convencionais, Kennedy perdeu a oportunidade de ajudar a elevar a análise racial a um novo nível.

Em relação a Farber e Sherry, os *crits* responderam que se há asiáticos e judeus bem-sucedidos, apesar do sistema injusto, isso é por mérito deles. Mas por que apontar a injustiça nos padrões universais da meritocracia, como o Teste de Aptidão Escolar (SAT, na sigla em inglês), implica em atitude negativa em relação aos membros desses grupos?

CAPÍTULO VI – CRÍTICAS E RESPOSTAS AOS CRÍTICOS

Como os *crits* bem notaram, Farber e Sherry confundiram crítica a um padrão com crítica a indivíduos bem-sucedidos sob esse padrão. O juiz Richard Posner e o escritor da *New Republic*, Jeffrey Rosen, também contestaram os *crits* seguindo uma linha previsível.

Nos últimos tempos, a direita vem lançado um ataque furioso aos direitos civis e à teoria crítica da raça, com blogueiros conservadores, radialistas e devotos da neutralidade racial tomando a frente. Com a chegada de Obama à presidência, os detratores intensificaram seus ataques, e alguns deles tentaram vincular o primeiro presidente negro da nação com o guru da teoria crítica da raça Derrick Bell, que dava aulas em Harvard durante o período em que o jovem Obama cursou Direito lá. Muitos deles alegam que, com sua eleição, a nação superou seu passado racista e que mais esforços no combate ao racismo não eram necessários. Qualquer outra coisa equivaleria a atender a minorias não merecedoras. A questão de se os Estados Unidos se converteram em uma sociedade pós-racial é um ponto central de disputa atualmente.

2. Críticas "internas"

Além de responder a críticas externas, a teoria crítica da raça está engajada em uma intensa autocrítica, geralmente longe da visão do público. Essa crítica tem dois aspectos, o primeiro relacionado com o valor pragmático, concreto, da teorização crítica sobre a raça, e o outro com o valor das próprias teorias.

2.1. A crítica ativista

A teoria crítica da raça é pragmática? Algumas das questões que surgem na crítica interna (autocrítica) são aquelas que qualquer novo movimento deve enfrentar. Qual o valor prático da teoria? Por que não está nas trincheiras, ajudando os ativistas a lidar com problemas de violência doméstica, escolas precárias e brutalidade policial? Por que ela é tão severa com os liberais e menospreza tanto os estatutos e recursos existentes em matéria de direitos civis? Qual é o propósito da crítica, a menos que se tenha algo melhor para colocar no lugar? Os *crits* deveriam trabalhar juntos em uma coalizão inter-racial ou, ao contrário, deveriam agir separadamente, com negros e latinos, por exemplo, construindo agendas levemente distintas? Brancos devem ser aceitos no movimento e em seus seminários e conferências? O movimento da teoria crítica da raça deve ampliar-se para incluir a discriminação religiosa, por exemplo, contra judeus e muçulmanos? Na medida em que um conjunto coerente de respostas surge da autocrítica, é possível resumir afirmando que a maioria dos *crits* concorda que teoria e prática devem andar juntas. Por um lado, os ativistas precisam de novas teorias para enfrentar uma ordem social que trata comunidades minoritárias e pobres tão terrivelmente. Da mesma forma, os teóricos precisam da injeção de energia que vem da exposição a problemas do mundo real, tanto como estímulo para a pesquisa quanto como uma prova de realidade para sua escrita.

Quanto às críticas ao sistema existente, os *crits* respondem que eles realmente trabalham desenvolvendo uma visão para substituí-lo. Como exemplos, citam as teorias de Derrick Bell sobre ajuda mútua na educação e na cultura; os esforços de Lani Guinier para reformar a democracia eleitoral; o trabalho de Charles Lawrence, Mari Matsuda e Richard Delgado desenvolvendo uma nova teoria do discurso de ódio; os argumentos de Juan Perea a favor do pluralismo linguístico; e as análises de Devon Carbado e Mitu Gulati sobre discriminação em locais de trabalho.

> O júri considerou que os réus se envolveram em discriminação no trabalho, em parte por permitirem que os autores fossem alvo de ofensas de natureza racial proferidas repetidamente por um colega deles. Além de conceder indenizações, a vara de primeira instância concedeu liminar proibindo o funcionário infrator de repetir tais ofensas no futuro. Os réus argumentaram que tal liminar constituía censura prévia, a qual violaria seu direito constitucional à liberdade de expressão. Pelas razões que se seguem, sustentamos que a medida cautelar proibindo a manifestação continuada de ofensas de cunho racial no local de trabalho não viola o direito à liberdade de expressão se há

comprovação judicial de que o uso de tais epítetos contribui para a continuidade de um ambiente de trabalho hostil ou abusivo e, portanto, constitui discriminação no emprego.[44]

2.2. A crítica do núcleo intelectual do movimento

Outras questões dizem respeito ao cerne intelectual da teoria crítica da raça. Uma crítica interna recorrente acusa o movimento de se desviar de suas raízes materialistas e de se ocupar excessivamente de assuntos que preocupam minorias de classe média – microagressões, insultos racistas, discriminação inconsciente e ações afirmativas no ensino superior. Se a opressão racial tem raízes materiais e culturais, atacar apenas sua expressão ideológica ou linguística pouco contribui para minar as estruturas fundamentais da desigualdade, e muito menos para remediar o flagelo dos mais pobres.

Outra preocupação que alguns *crits* destacam é que o movimento tem se preocupado excessivamente com questões de identidade em detrimento de análises sociais mais concretas. Questões teóricas como a construção social da raça, o papel das pessoas multirraciais, o *"passing"* e os infinitos refinamentos da tese antiessencialista podem ser quebra-cabeças intelectuais intrigantes mas estão longe das questões centrais de nossa época. É difícil imaginar W. E. B. Du Bois, caso estivesse vivo hoje, escrevendo uma tese de doutorado sobre *passing* ou sobre a possibilidade de um professor ser promovido a livre-docente com base em um artigo escrito inteiramente em voz narrativa. Do mesmo modo, pode ser que a atenção prodigiosa às nuances da identidade interseccional e às diferenças de perspectiva que separam, digamos, mulheres mestiças de parentesco branco da Samoa e homens falantes de espanhol de aparência negra do Brasil, seja menos relevante do que era nos primeiros anos. Um ataque furioso da direita contra todas as minorias e os pobres talvez tenha tornado essas diferenças menos relevantes do que eram

---

[44] Caso Aguilar v. Avis Rent a Car System, Inc., *21 Cal. 4th* 121, 126; *980 P. 2nd* 846, 848 (1999).

anteriormente. Em geral, as críticas internas se dirigem apenas à ênfase do movimento e à aplicação de recursos e energia. Elas não atacam sua solidariedade, vitalidade ou capacidade de gerar conhecimentos vitais sobre a crise racial dos Estados Unidos.[45]

Uma outra crítica interna levanta a questão sobre a importância que a teoria crítica da raça dá à democracia econômica. Se as questões emergentes do novo século são o comércio mundial, a globalização, os direitos dos trabalhadores e a distribuição da nova riqueza criada pela revolução tecnológica, um movimento que não tenha uma teoria que articule raça e classe pode tornar-se cada vez mais irrelevante. A série recente de choques econômicos aumenta a necessidade de tal pesquisa. Se a natureza do racismo é, em grande medida, econômica – a busca pelo lucro – e o hipercapitalismo está se mostrando cada vez mais um sistema falho, quais são as implicações para uma teoria dos direitos civis?

3. A teoria crítica da raça como método de pesquisa em outros campos do conhecimento e outros países

Um conjunto final de críticas questiona se a teoria crítica da raça ou certas ferramentas de seu arsenal ainda são úteis ou continuam sendo quando exportadas para áreas fora do contexto original (isto é, o racismo interno nos EUA, em suas expressões no final da década de 1980). Justin Driver, por exemplo, questionou se a fórmula da convergência de interesses apresentada por Derrick Bell[46] continua válida. E uma série de acadêmicos de outras disciplinas ou outros países, embora abraçando entusiasticamente as novas perspectivas que a TCR oferece, recomenda cautela ao estendê-la a novos contextos, como o sistema de castas da Índia ou os *roma* ("ciganos"), na Europa.

---

[45] Ver capítulo 7.
[46] Ver capítulo 2.

CAPÍTULO VI – CRÍTICAS E RESPOSTAS AOS CRÍTICOS

Do mesmo modo, pode ser proveitoso para os *crits* americanos e seus apoiadores acompanhar com atenção as mudanças e avanços que seus colegas estão produzindo na Europa, Canadá, Austrália e na América Latina. Por exemplo, os acadêmicos britânicos do campo da Educação estão desenvolvendo análises de classe interessantes e estabelecendo diálogos fecundos com acadêmicos marxistas, algo que tem faltado no cenário americano, pelo menos até hoje.

Exercício de sala de aula

O coordenador do programa da Conferência Regional da Teoria Crítica da Raça pede sua opinião sobre a seguinte questão: o comitê da conferência deseja incluir uma sessão de duas horas, no final do evento, para tratar de críticas internas, extremamente delicadas, sobre o rumo que o movimento vem tomando. A sessão deve ser aberta ou fechada à imprensa? Deve ser aberta somente a pessoas que tenham participado do movimento por pelo menos cinco anos? Brancos devem ser excluídos? Os organizadores devem pedir aos participantes que evitem gravar a sessão?

Em outras palavras, qual é a melhor forma de "lavar roupa suja"? Metade do seu grupo deve defender a posição "relaxa que vai dar certo", enquanto a outra deve defender uma sessão secreta.[47]

Questões e comentários para o capítulo VI

1. Reconsidere a questão apresentada no final do capítulo 1: a teoria crítica da raça é demasiadamente pessimista?

2. Os críticos da TCR cometem o erro de criticar o novo paradigma dos direitos civis a partir dos padrões do antigo? Isso é como

---

[47] Ver CALMORE John, "Airing Dirty Laundry: Disputes among Privileged Blacks – From Clarence Thomas to the Law School Five", *46 How. L. J.* 175 (2003).

considerar Martinho Lutero um herege porque ele procurou mudar os ensinamentos da Igreja Católica, ou como julgar Jesus pelos padrões do Império Romano?

3. É problemático que, até determinado momento, a maior parte da literatura sobre direitos civis no Direito tenha sido escrita por um grupo restrito de acadêmicos brancos que citavam-se uns aos outros e ignoravam a literatura pequena, mas crescente, produzida por estudiosos de minorias raciais? Ou será que há explicações perfeitamente lógicas para esse fato?

4. As histórias baseadas em experiências pessoais – por exemplo, a discriminação racial em uma loja de departamentos – são irrefutáveis (porque apenas o autor estava lá)? E, caso o sejam, como outros acadêmicos podem utilizá-las como base para sua pesquisa ou como podem criticá-las? Elas são jogadas de poder? Exclusivistas? São experiências ou informações relevantes?

5. É uma perda de tempo para um movimento que busca justiça social se concentrar em questões internas de identidade e nas relações de subgrupos entre si?

6. Qual a melhor forma de promover mudanças: trabalhando por dentro ou por fora do sistema? Qual você escolheria, e por quê?

7. Se o Grupo A (digamos, judeus) é bem-sucedido e o Grupo B (digamos, negros) não, e o Grupo B afirma que o sistema é manipulado, isso é uma crítica implícita ao Grupo A, porque implica que este se beneficiou de um sistema injusto para progredir?

Sugestões de leitura

COLLOQUY, "Responses to Racial Critiques of Legal Academia", *103 Harv. L. Rev.* 1844 (1990).

DELGADO, Richard, "The Imperial Scholar: Reflections on a Review of Civil Rights Literature", *132 U. Pa. L. Rev.* 561 (1984).

CAPÍTULO VI – CRÍTICAS E RESPOSTAS AOS CRÍTICOS

DRIVER, Justin, "Rethinking the Interest Convergence Thesis", *105 Nw. U. L. Rev.* 149 (2015).

FARBER, Daniel & SHERRY, Suzanna, *Beyond All Reason: The Radical Assault on Truth in American Law* (1997).

JOHNSON, Alex M., Jr., "The New Voice of Color", *100 Yale L.J.* 2007 (1991).

KENNEDY, Randall L., "Racial Critiques of Legal Academia", *102 Harv. L. Rev.* 1745 (1989).

POSNER, Richard A., "The Skin Trade", *New Republic, October 13, 1997*, at 40.

ROSEN, Jeffrey, "The Bloods and the Crits", *New Republic, December 9, 1996*, at 27.

TUSHNET, Mark, "The Degradation of Constitutional Discourse", *81 Geo. L.J.* 151 (1991).

CAPÍTULO VII
A TEORIA CRÍTICA DA RAÇA HOJE

Qual é a situação da teoria crítica da raça hoje? Em alguns aspectos, o movimento está prosperando. Subdisciplinas dinâmicas, tais como o movimento crítico latino, estudos *queer-crit* (LGBT) e um recente grupo de muçulmanos com orientação crítica, desafiam os pensadores dos direitos civis a reconsiderar as formas de conceber a igualdade, os direitos civis e a segurança nacional. A teoria crítica da raça é ensinada em muitas faculdades de Direito e tem se espalhado para outras disciplinas e países. Alguns juízes incorporam as ideias da TCR em suas manifestações, muitas vezes sem identificá-las como tais. Os advogados utilizam técnicas de teoria crítica da raça para defender seus clientes e evidenciar o preconceito dentro do sistema. Neste capítulo, discutimos alguns desses avanços e o impacto que a TCR parece estar tendo sobre o discurso nacional. Analisamos algumas das lutas internas que estão ocorrendo dentro do grupo e examinamos alguns tópicos, tais como classe, pobreza, as disparidades de riqueza e renda, criminalidade, ambiente universitário, ações afirmativas, imigração e direito ao voto, todas questões urgentes no país.

1. A ofensiva da direita

A década de 1990 viu o início de uma vigorosa ofensiva da direita política. Apoiados por financiamentos vultosos de fundações conservadoras e *position papers* de *think tanks* de direita, os conservadores promoveram uma série de iniciativas políticas, incluindo campanhas contra a educação bilíngue, ações afirmativas, fundos públicos para emprego e educação, e imigração. Eles também fizeram um lobby intenso contra a regulamentação do combate ao discurso de ódio, contra as políticas de assistência social e contra medidas governamentais que visavam aumentar a representação política de minorias no Congresso. Alguns dos apoiadores dessas iniciativas conservadoras foram ex-liberais desencantados com o abandono da neutralidade racial no país. Outros eram nativistas preocupados com a imigração ou "falcões" de segurança nacional preocupados com a ameaça terrorista.

Os teóricos críticos da raça participaram de todas essas controvérsias. Eles também abordaram questões de identidade dentro da teoria crítica da raça, de coalizões intergrupais e do uso de métodos empíricos na teorização e no enfrentamento da discriminação.

2. Temas centrais

Embora a economia americana tenha crescido rapidamente durante os anos Reagan e Clinton, ela começou a ceder com a bolha das empresas pontocom e, mais tarde, com o estouro da bolha imobiliária e o colapso do setor financeiro durante a era Bush. Sem capacitação nos campos emergentes de tecnologia e marketing globais, as comunidades minoritárias passaram a ficar cada vez mais para trás. Mas com a desaceleração econômica e a lenta recuperação que se seguiu decaíram ainda mais. Tiveram poucos aliados naturais. O Partido Democrata os procurou menos assiduamente do que em tempos passados; o movimento sindical havia perdido força; e o país não tinha mais o estímulo da concorrência da Guerra Fria para impor normas antidiscriminação com maior rigor. O pós-racialismo e a política neoliberal, que procuraram um meio termo ("triangular") entre as políticas conservadoras e a liberal, pouco fizeram para amenizar a miséria negra. Políticos e ideólogos de televisão vaticinaram sobre os males da imigração indocumentada, aumentando o preconceito contra os latinos, inclusive contra aqueles cujas famílias já estão aqui há gerações. Depois do 11 de Setembro, os muçulmanos padeceram ainda mais, incluindo chuvas de insultos, vigilância e até mesmo ataques a mesquitas e a pessoas com traços étnicos do Oriente Médio.

Em tal atmosfera, muitos pensadores críticos se concentraram na tarefa de combater o que viam como um longo declínio do país rumo à indiferença, e até mesmo à hostilidade, racial.

2.1. Raça, classe, proteção social e pobreza

Um campo no qual as batalhas ideológicas se inflamam é o da distribuição dos benefícios materiais na sociedade. Essa controvérsia está imersa na polêmica questão de saber se raça ou classe são fatores dominantes na subjugação de pessoas de minorias raciais. O racismo é um meio pelo qual os brancos garantem vantagens materiais, como propôs Derrick Bell? Ou é uma "cultura da pobreza", que inclui família desestruturada, crime, emprego intermitente e alta taxa de evasão escolar, o que faz com que as minorias fiquem mais para trás?

A teoria crítica da raça ainda não desenvolveu uma teoria de classes abrangente. Alguns poucos estudiosos abordam questões como a segregação habitacional tanto em termos de raça quanto de classe, mostrando que a pobreza negra é distinta de quase todas as demais. A prática do *steering* imobiliário, do *redlining* e a negação de empréstimos e hipotecas, especialmente após o fim da Segunda Guerra Mundial, impediram que os negros se tornassem proprietários, particularmente em bairros cobiçados. Essas práticas também excluíram os negros dos frutos da valorização imobiliária que alguns períodos vivenciaram. O confinamento em certos bairros, por sua vez, limita as escolas para as quais pais negros e latinos podem enviar os filhos e perpetua, assim, o ciclo de exclusão das oportunidades de ascensão social que permitiram a muitos brancos pobres melhorar de vida.

Alguns *crits* se concentram na discriminação em empregos de alto escalão e em campos tais como a prestação de serviços de saúde. A crítica aos exames padronizados também contém um elemento de classe: críticos a exames como o SAT têm mostrado que muitas das questões apresentam viés de classe, exigindo familiaridade com itens como tacos de polo ou regatas a vela, e que o melhor indicador do desempenho de uma pessoa no SAT é o emprego do pai dela; outro é seu código postal.

Outros teóricos críticos da raça refletem sobre a distribuição dos riscos ambientais e biológicos. O movimento de justiça ambiental analisa um tipo de colonialismo interno que aloca de forma desproporcional instalações como depósitos de resíduos tóxicos e de rejeitos radioativos e estações de tratamento de esgoto perto de ou em comunidades de minorias e reservas indígenas. Sistemas de água inadequados ou contaminados parecem quase sempre causar doenças em moradores de cidades como Flint, Michigan, mas não em Beverly Hills ou Scarsdale. Os empresários que defendem essas práticas argumentam, tal como fazem na arena internacional, que eles apenas se dirigem aos mercados mais vantajosos. Às vezes, argumentam que as comunidades minoritárias são gratas pelos empregos proporcionados por uma estação de tratamento de esgoto, por exemplo. Ativistas dos direitos civis respondem que o mercado está longe de ser neutro e que uma corporação que se aproveita da vulnerabilidade financeira de uma comunidade age de maneira predatória ou abertamente racista. Eles observam que o aquecimento global está produzindo inundações em aldeias nativas empobrecidas no Alasca e em pequenas ilhas do Pacífico. Um exemplo dinâmico da teoria crítica da raça em ação, o movimento de justiça ambiental visa construir uma aliança entre o movimento de conservação ambiental, até hoje majoritariamente branco, e as comunidades minoritárias. Caso a iniciativa tenha êxito, haverá criado uma força verdadeiramente poderosa para a mudança.

Concordo com o voto bem fundamentado do presidente do tribunal, juiz Wilkinson. Escrevo separadamente, no entanto,

CAPÍTULO VII – A TEORIA CRÍTICA DA RAÇA HOJE

para registrar minha séria preocupação com o tratamento desumano que os moradores afro-americanos de Jersey Heights têm recebido nas mãos de planejadores e autoridades estaduais e federais da área de rodovias.

Não é acidente histórico 99% da população de Jersey Heights ser atualmente afro-americana. Expulsos de seus bairros no centro da cidade pela construção da Rota 13, nos anos 30, e da primeira Rota 50, nos anos 50, os afro-americanos de Salisbury se mudaram para Jersey Heights. Como resultado de práticas de *steering* generalizadas, Jersey Heights foi a única área em que os afro-americanos de Salisbury puderam encontrar moradias disponíveis. De acordo com um dos autores, Salisbury tinha uma "lei não escrita" – que, "se sua pele fosse de uma certa cor, você teria que viver a oeste desta ponte (do rio Wicomico)..."

Embora o termo "justiça ambiental" seja bastante recente, o conceito não é.[48]

Como a sra. Knorr afirma acertadamente, "os riscos ambientais para a saúde estão distribuídos de forma desigual nos Estados Unidos. Milhões de pessoas em comunidades minoritárias e de baixa renda estão sujeitas a níveis de poluição maiores do que as populações caucasianas e ricas devido a sua raça ou status socioeconômico. A injustiça ambiental ocorre, em parte, por causa da exclusão dessas comunidades dos processos de tomada de decisões, bem como pela localização desproporcional da poluição".[49]

Como o juiz Douglas apontou há quase trinta anos, "tal como acontece com frequência nas rodovias interestaduais, a rota escolhida atravessa a área pobre da cidade, não aquela em que vivem as pessoas politicamente poderosas".[50]

---

[48] Ver KNORR, Michele L., "Environmental Injustice", *6 U. Balt. J. Envtl. L.* 71, 73–76 (1997).

[49] KNORR, Michele L., "Environmental Injustice", *6 U. Balt. J. Envtl. L.* 71, 71–72 (1997).

[50] Caso Jersey Heights Neighborhood Ass'n v. Glendening, *174 F. 3rd* 180, 186 n.1 (4th Cir. 1999).

Como os observadores críticos devem ver a crescente disparidade entre renda e patrimônio dos 10% mais ricos e o restante da sociedade? Anteriormente, os Estados Unidos contavam com medidas redistributivas, tais como imposto de renda progressivo, educação pública e uma rede de assistência social para evitar que as pessoas de baixa renda mergulhassem permanentemente na pobreza. Hoje em dia, esses programas dispõem de muito menos recursos. Alguns autores acreditam que o motivo dessa redução é que o público associa os beneficiários da assistência social com rostos negros e pardos – embora os que mais recebam da assistência social sejam brancos. Em suma, a sociedade tolera a pobreza e a falta de perspectiva dos grupos marginalizados.

Muitos acadêmicos críticos da raça reconhecem que a pobreza e a raça se entrecruzam de formas complexas, de tal maneira que a situação das famílias muito pobres de comunidades minoritárias difere em alto grau da de suas homólogas brancas. A pobreza branca – exceto, talvez, no caso das famílias rurais – dura apenas uma ou duas gerações, inclusive para as famílias de imigrantes brancos. Não é assim para a pobreza negra ou parda – para as quais ela é capaz de durar para sempre. Do mesmo modo, o status de classe média ou a condição profissional é menos estável para negros, pardos e indígenas americanos do que para outros grupos. Seus filhos podem cair em desgraça com uma velocidade espantosa; às vezes basta uma detenção ou algumas notas muito baixas na escola. Mas a teoria geral da relação entre raça e economia continua incompleta, pelo menos até o momento. Não obstante, o interesse pelo tema está aumentando, especialmente entre a geração millennial de jovens adultos.

Enquanto isso, alguns estudiosos do Direito têm destacado como programas universais como o G. I. Bill, os auxílios federais à habitação, ou mesmo à Previdência Social, acabam ampliando o fosso entre brancos e negros. Os programas incidem sobre terrenos já cultivados. Brancos têm mais condições de tirar proveito desses programas do que os negros. Algumas vezes, os programas embutem preferências e suposições ocultas que permitem aos brancos beneficiarem-se mais deles do que as pessoas de minorias raciais. O mesmo tende a acontecer se a sociedade opta por uma ação baseada em desigualdade socioeconômica,

CAPÍTULO VII – A TEORIA CRÍTICA DA RAÇA HOJE

como muitos autores têm sugerido, em vez de uma afirmativa, baseada na raça. Essa abordagem é popular entre os defensores da neutralidade racial – acadêmicos e comentaristas que pretendem que a sociedade deixe de pensar em termos de raça e, em vez disso, concentre-se em questões como eficiência, classe, mérito e outras maneiras de ordená-la.

2.2. Atuação policial e justiça penal

Outro conjunto de questões contemporâneas relaciona-se com o racismo no sistema de justiça penal. Condição permanente de mais de 60% dos negros do distrito de Colúmbia é estar implicado por esse sistema – na cadeia ou na prisão, em liberdade condicional, ou ser procurados por mandado. Em East Los Angeles, 50% dos jovens mexicanos estão na mesma situação. Homens negros que assassinam brancos são executados em uma proporção quase dez vezes maior do que brancos que assassinam negros. E como a maioria dos leitores deste livro sabe, o número de jovens negros na prisão ou na cadeia é maior do que os que cursam faculdade.

Muitas pessoas progressistas tentam entender o significado desses números e buscam formas de combater as condições que os determinam. A contribuição da teoria crítica da raça tem assumido diversas formas. Com base no trabalho dos criminologistas radicais, um autor da TCR mostra que a criminalização desproporcional de afro-americanos é um produto, em grande medida, da forma como definimos o crime. Muitos atos letais, como a comercialização de veículos com defeito, ou de álcool e produtos farmacêuticos adulterados, ou mesmo empreender guerras não declaradas, não são considerados crimes. Por outro lado, muitas coisas que os jovens negros e latinos fazem, tais como reunir-se nas esquinas dos bairros, passear em carros rebaixados ou grafitar locais públicos, são policiados energeticamente, às vezes com novos decretos que penalizam a participação em uma gangue ou a ligação com um membro de gangue conhecido. Delitos relacionados ao crack ainda têm penas mais severas do que os que envolvem cocaína. Os números mostram que crimes de colarinho branco, incluindo desvio de recursos, fraude ao consumidor, suborno, tráfico de informações privilegiadas e formação de cartel, causam mais mortes e perdas materiais do que todos os crimes de rua juntos, mesmo em termos per capita.

Outros estudiosos da TCR tratam da filtragem racial, na qual a polícia aborda motoristas que parecem pertencer a minorias em busca de drogas ou contrabando, e a "discriminação estatística" realizada por pessoas comuns que evitam negros ou latinos porque acreditam que é mais provável que eles cometam crimes ou sejam membros de gangues perigosas. Ambas as práticas isolam os jovens e penalizam pessoas de minorias raciais que respeitam a lei.

> As 48 declarações apresentadas pela cidade em apoio a seu pedido de liminar pintam um retrato gráfico da vida... em uma zona de guerra urbana. O bairro de quatro quarteirões reivindicado como território por uma gangue conhecida como Varrio Sureño Town, Varrio Sureño Treces (VST), ou Varrio Sureño Locos (VSL), é um território ocupado. Membros da gangue... se reúnem em gramados, calçadas e em frente a edifícios a qualquer hora do dia ou da noite. E demonstram explícita e publicamente desprezar noções de lei, ordem e decência – bebendo a céu aberto, fumando maconha, cheirando solvente e até cocaína, em linhas dispostas nos capôs dos carros dos moradores. As pessoas que vivem em Rocksprings estão sujeitas a conversas ruidosas, música alta, vulgaridade, profanação, brutalidade, brigas de socos e ao som de tiros nas ruas... Garagens de moradores da área são utilizadas como mictórios pelas gangues; as casas, utilizadas como rotas de fuga; as paredes, cercas, portas de garagem, calçadas e até mesmo veículos tornam-se telas para o grafite.
>
> ... Os cidadãos da comunidade estão presos em suas próprias casas.[51]

Outros estudiosos críticos da raça, para combater o encarceramento desproporcional de jovens negros, apelam à anulação pelo júri. Nessa

---

[51] Caso People ex rel. Joan R. Gallo v. Acuna, *14 Cal. 4th 1090, 929 P. 2nd* 596, 601 (1997), sustentando uma liminar contra membros de uma suposta "gangue de rua criminosa", pela qual os jovens – todos ou a maioria dos quais eram latinos – fossem proibidos de se reunir, entre si ou com os amigos, em lugares públicos.

CAPÍTULO VII – A TEORIA CRÍTICA DA RAÇA HOJE

prática, o júri, que na maioria das grandes cidades incluirá pessoas de minorias raciais, usa seu julgamento, às vezes ignorando as instruções do juiz, para condenar um réu que cometeu um delito não violento, como furto de loja ou posse de uma pequena quantidade de drogas. Se o júri acreditar que o sistema policial é racista ou que o jovem é mais proveitoso para a comunidade livre do que atrás das grades, ele votará pela absolvição.[52]

Uma juíza federal versada em teoria crítica da raça aplicou uma análise semelhante no caso de um réu negro. Com base em uma lei do tipo *"three-strikes-and-you're-out"*,[53] foi solicitado à juíza que condenasse o homem a uma pena longa. Ao notar que os dois crimes anteriores do réu eram infrações de trânsito, ela se recusou a fazê-lo. Argumentando que a filtragem racial da polícia faz com que motoristas negros sejam parados com mais frequência do que os brancos, ela concluiu que as duas condenações anteriores do réu estavam provavelmente contaminadas pelo racismo. Consequentemente, condenou-o a uma pena mais curta, adequada a não reincidentes.

> A literatura acadêmica e popular indica fortemente... uma disparidade racial nos índices de detenção e indiciamento por delitos de trânsito de afro-americanos. Essa literatura, juntamente com os fatos específicos sobre o histórico e os antecedentes do Leviner, me obrigam a me afastar do protocolo...
>
> Embora as Diretrizes de Condenação tenham sido elaboradas para eliminar disparidades injustificadas no apenamento e para restringir a discricionariedade do juiz, elas não devem ser aplicadas mecanicamente, ignorando totalmente a legitimidade, a lógica e o contexto legal subjacente...
>
> As infrações atribuídas aos veículos motorizados, em particular, suscitam sérias preocupações sobre a disparidade racial. Estudos de vários acadêmicos e artigos de grande circulação têm destacado

---

52 Veja também a discussão sobre as campanhas antidelação, no capítulo 4.
53 Referência a uma regra do beisebol em que o jogador é expulso da partida após cometer três faltas.

o fato de que motoristas afro-americanos são mais abordados e autuados em blitz de trânsito, muito mais do que quaisquer outros cidadãos. E, assim sendo, não é absurdo acreditar que os afro-americanos também sejam presos mais frequentemente por esses delitos.[54]

Outros ainda analisam a recente onda de construção de prisões, incluindo a terceirização do encarceramento para empresários privados. Eles analisam quem lucra com essa tendência social. Também questionam por que as penas nos Estados Unidos são tão longas – estão entre as mais longas do mundo – e por que a orientação é punir em vez de reabilitar. A "Prison-to-College Pipeline", iniciada pela Faculdade John Jay de Justiça Penal, busca ajudar na qualificação dos detentos, para que possam ser bem-sucedidos no seu reingresso à sociedade, ao saírem da prisão.

Os estados estão começando a dar ouvidos a sugestões como essas, em parte por causa de convergência de interesses. Em muitos deles, as prisões estão tão cheias que os juízes têm ordenado a libertação antecipada de alguns prisioneiros. Outros gastam tanto na operação do sistema prisional – uma valor quase igual ao que investem na educação pública – que o orçamento deles está sob grande pressão.

Um estudioso, Paul Butler, propõe que os valores da música e da cultura hip-hop poderiam servir de base para reconstruir o sistema de justiça penal, para que ele se torne mais humano e responsivo às demandas da comunidade negra. Esse programa de reconstrução precisa começar logo. Os disparos policiais e as mortes de negros desarmados subiram tão rapidamente que até mesmo uma importante revista médica as reconhece como questão de saúde pública cada vez mais importante. Acadêmicos dos direitos civis, *crits* e ativistas comunitários vêm exigindo mudanças no treinamento e na cultura policial, assim como nas ouvidorias de polícia. O pujante movimento "Black Lives Matter" tem

---

[54] Juíza Nancy Gertner, no caso United States of America v. Leviner, *31 F. Supp. 2nd* 23, 24, 25, 33 (D. Mass., 1998).

pressionado por mudanças. Muitos ativistas universitários também têm assumido a causa.

A prisão, pelas leis estaduais, muitas vezes leva à interdição de direitos, o que priva os condenados do direito ao voto, mesmo depois de cumprida a pena. Trataremos da questão do direito ao voto posteriormente.

2.3. Discurso de ódio, direitos linguísticos e currículos escolares

Outras questões têm a ver com a fala e a linguagem. Uma das primeiras propostas da teoria crítica da raça teve a ver com o discurso de ódio – a chuva de insultos, epítetos e apelidos que as minorias aturam diariamente. Um dos primeiros artigos documentou alguns dos danos que esse tipo de discurso pode provocar. Apontou que os tribunais já estavam concedendo medidas recorrentes de reparação a vítimas desses discursos de ódio com base em institutos como difamação, dano emocional causado intencionalmente e ameaça ou agressão física à pessoa, clamando pela caracterização de novo tipo de ato ilícito independente, por meio do qual as vítimas de ofensas deliberadas e presenciais possam processar e provar os danos sofridos.

Artigos e livros posteriores seguiram desenvolvendo essa ideia. Um autor sugeriu a criminalização como resposta; outros insistiram que as faculdades e universidades deviam adotar regras de conduta estudantil que coibissem o discurso de ódio no campus. Outros ainda relacionam o discurso de ódio à hipótese da construção social da raça, indicando que a difamação racial coordenada contribui para a reprodução de um imaginário social e de preconceitos arraigados sobre minorias raciais, atribuindo-lhes indolência, imoralidade ou inferioridade intelectual. Embora, ocasionalmente, alguns autores tenham logrado reparação pela via dos delitos civis, os tribunais dos EUA têm tratado severamente os códigos universitários contra discursos de ódio, tendo derrubado pelo menos quatro deles como violações à Primeira Emenda. Entretanto, a Suprema Corte do Canadá manteve as disposições criminais sobre o discurso de ódio citando o trabalho de teóricos críticos da raça dos EUA e muitos países europeus e britânicos da Commonwealth instituíram controles semelhantes aos do Canadá.

Partindo da premissa de que o "realismo jurídico" logo chegará à jurisprudência da Primeira Emenda, afastando regras e barreiras mecânicas ("sem reparação por mera ofensa") em favor de uma abordagem mais ampla e mais sensível à política, os teóricos críticos da raça têm enfrentado algumas das objeções políticas mais comuns à regulamentação do discurso de ódio, incluindo as que sustentam que mais discurso é o melhor remédio para o mau discurso, que o discurso de ódio serve como uma válvula de escape, aliviando a tensão que poderia explodir de forma ainda mais prejudicial posteriormente, e que o foco no discurso não consegue chegar ao "problema real". Enquanto isso, os tribunais americanos, aparentemente influenciados pelos trabalhos da teoria crítica da raça, têm julgado casos de minorias vítimas de discurso de ódio nos termos de teorias jurídicas como do ambiente hostil.

> Em 1972, a autora Carrie Taylor começou a trabalhar como xerife na delegacia de Burlington County. Em 31 de janeiro de 1992, Taylor, que é afro-americana, estava na Academia de Polícia de Burlington para um treinamento com armas de fogo. Lá, ela encontrou o réu Henry Metzger e o segundo xerife Gerald Isham. Taylor cumprimentou-os. Na sequência, Metzger falou para Isham: "Aí vem a *jungle bunny*".[55] Isham riu. A autora considerou a observação uma ofensa racista humilhante e depreciativa, mas não reagiu a ela. Teve um "ataque de nervos", começou imediatamente a chorar e foi para o banheiro.

---

[55] Trata-se de um termo irônico e extremamente ofensivo utilizado nas décadas de 60 e 70 para se referir a pessoas negras. A tradução literal seria algo como "coelhinho selvagem" e sua etimologia é incerta. A palavra *jungle* caracteriza os negros como selvagens, isso é nítido. Quanto à palavra *bunny*, algumas fontes afirmam que está ligada à ideia de que as populações negras se reproduzem rapidamente, "como coelhos"; outras indicam que a palavra remete a uma comparação, comum na época, entre a aparência de negros linchados e a cara das lebres (*jackrabbits*). (N.T.)

CAPÍTULO VII – A TEORIA CRÍTICA DA RAÇA HOJE

Neste caso, a observação do réu expressa uma ofensa racista evidente, que qualquer investigação racional dos fatos concluiria como algo suficientemente grave para contribuir materialmente para a criação de um ambiente de trabalho hostil. A expressão "*jungle bunny*" é obviamente uma gíria racista, e é feia, nua e crua em sua conotação degradante.[56, 57]

Enquanto este livro ia para a gráfica, estudantes de vários campi do país protestavam por "espaços seguros" e proteção contra ambientes de hostilidade racial repletos de insultos, ofensas e calúnias cotidianos e exibições de símbolos e bandeiras da Confederação. Alguns campi estão reavaliando a possibilidade de estabelecer regras e políticas protetoras da igualdade de oportunidades educacionais. Essas questões de "ambiente universitário" estão provocando uma séria reconsideração entre os gestores, e por bons motivos. Com as ações afirmativas sob forte ataque, as universidades precisam garantir que seus campi sejam os mais receptivos possíveis. Ao mesmo tempo, uma nova geração de millennials parece demonstrar vontade renovada no enfrentamento de autoridades ilegítimas.

O discurso de ódio na internet coloca um problema difícil. Blogs, tweets, caricaturas (por exemplo, de uma figura impopular, como a do profeta Maomé) e outras mensagens desse tipo são baratos, fáceis de circular e frequentemente anônimos. Eles permitem que aqueles que não gostam de uma pessoa ou raça encontrem outros que pensam de forma parecida, fortalecendo aquelas convicções, muitas vezes sem contestação. A sociedade polariza-se, com grupos que desconfiam uns dos outros e acreditam que o outro lado está equivocado. Obviamente, rebater esse discurso é fácil e barato na internet. Ainda assim, a possibilidade de uma resposta imediata a uma mensagem ofensiva não resolve completamente o problema.

---

[56] Ver MATSUDA, Mari, "Public Response to Racist Speech", *87 Mich. L. Rev.* 2330, 2338 (1989). ("Por mais irracional que seja o discurso racista, ele atinge justo o lugar onde sentimos mais dor").

[57] Caso Taylor v. Metzger, *706 A. 2nd* 685, 691 (N. J., 1998).

Uma segunda questão relacionada ao discurso diz respeito aos direitos dos não falantes de inglês de utilizarem seu idioma nativo no local de trabalho, nas cabines de votação, na escola e nas repartições governamentais. Tal questão, de enorme interesse para as populações asiáticas e latinas, enfrenta uma maré crescente de posturas nativistas, que também abrangem demandas de controle à imigração e restrições na prestação de serviços governamentais a não cidadãos. Os *crits* indicam que a língua é uma parte essencial da cultura e da identidade, que ter sotaque francês ou britânico é considerado uma marca de refinamento, não um defeito, e que muitos países estrangeiros são pacificamente multilíngues, sem sinal algum de balcanização. Embora mais da metade dos estados americanos tenha decretado medidas *english-only* nas últimas duas décadas, a maré pode estar mudando: a Suprema Corte do Estado do Arizona declarou recentemente inconstitucional a legislação *english-only* do estado, aplicada severamente, como uma violação da Primeira Emenda.

> Em primeiro lugar, observamos que esse caso diz respeito à tensão entre o status constitucional dos direitos linguísticos e o poder do Estado de restringir tais direitos. Por um lado, em nossa sociedade diversa, a importância de estabelecer laços comuns e uma linguagem comum entre os cidadãos é evidente... Reconhecemos que a obtenção de conhecimentos da língua inglesa é importante em nossa sociedade...
>
> Entretanto, a tradição americana de tolerância "reconhece uma diferença fundamental entre incentivar o uso do inglês e reprimir o uso de outros idiomas"... Se o sentido abrangente das proibições contidas na Emenda fosse implementado tal como está escrito, os direitos da Primeira Emenda [dos não falantes de inglês] seriam violados.[58]

Em 2006, os eleitores do Arizona aprovaram uma nova lei *english-only*, destinada a atender as objeções do tribunal.

---

[58] Suprema Corte do Arizona, ao derrubar a emenda *english-only* daquele estado, no caso Ruiz v. Hull, *957 P. 2nd* 984, 990, 991 (Ariz., 1998).

CAPÍTULO VII – A TEORIA CRÍTICA DA RAÇA HOJE

O Arizona, obviamente, tem sido um local de agitação anti-imigração considerável. Com uma grande população de língua espanhola e uma extensa fronteira com o México, o estado recentemente promulgou uma das mais expressivas leis anti-imigração do país. Um estatuto de 2010 autorizou a polícia local a solicitar os documentos de status migratório de pessoas consideradas suspeitas de estarem ilegais no país. O estado também se orgulhava de um contingente grande e em constante renovação de vigilantes de fronteira não oficiais, que afirmavam ajudar na aplicação da lei, informando e prendendo as pessoas que ingressavam clandestinamente. Muitos desempenharam suas funções com tal zelo que parecia que sua principal motivação era não gostar de estrangeiros, até mesmo dos indivíduos cumpridores da lei que apenas procuravam trabalho honesto. O estado abusou: o projeto de lei era tão severo que a Suprema Corte derrubou a maior parte dele. Mesmo assim, o governo do Arizona não se intimidou e promulgou um segundo projeto de lei eliminando cursos de Mexican American Studies (MAS) em escolas como as de Tucson. O programa de Tucson era tão popular e exitoso que mais de 90% de seus alunos se graduavam, sendo que muitos deles seguiam seus estudos na faculdade. O estatuto anti-MAS também está sendo revisto neste momento.[59]

2.4. Ações afirmativas e neutralidade racial

Quando Martin Luther King Jr. lançou seu conhecido chamado para que a América deixasse de lado seu passado racista e julgasse as pessoas não pela cor de sua pele mas pelo seu caráter, ecoava uma demanda com raízes profundas na história da América. Mais de meio século antes, no caso Plessy v. Ferguson, o juiz John Harlan, em um célebre voto divergente, protestou contra a decisão formalista "separados, porém iguais" da maioria. No caso Plessy, um homem negro havia desafiado a regra de uma ferrovia que o proibia de viajar em um vagão reservado a brancos. A ferrovia respondeu que havia reservado carros idênticos para passageiros negros e, portanto, sua prática não violava

---

[59] Ver capítulo 4.

a cláusula de igual proteção da Décima Quarta Emenda. A Suprema Corte concordou com a ferrovia, estabelecendo o "separados, porém iguais", o qual durou até a decisão do caso Brown, em 1954.

O voto divergente do juiz da Suprema Corte Harlan censurou a decisão da maioria. Ele ressaltou que a história e os costumes tornavam ridícula a negação de que algo inadmissível tivesse acontecido. A separação entre raças por parte da ferrovia ocorreu em um contexto que tornou seu simbolismo e ofensa inequívocos. Com o caso Brown v. Board of Education, o sistema judicial se afastou de sua interpretação anterior de igualdade, adotando a posição do juiz da Suprema Corte Harlan. A nova abordagem, que não trata apenas de saber se uma lei ou prática mencionam raça mas de seus efeitos no mundo real, durou até os anos 60 e 70. Durante esse tempo, a nação adotou ações afirmativas, que chegaram com a Ordem Executiva 11246 do presidente Lyndon Johnson, em 1965. Não tardou muito para que uma série de agências federais e estaduais, incluindo escolas e universidades, seguisse o exemplo.

Em meados dos anos 70, as ações afirmativas haviam se tornado tão impopulares em certos círculos que Alan Bakke, a quem havia sido negada a admissão na Davis Medical School da Universidade da Califórnia, entrou com um processo para declarar inconstitucionais as admissões no ensino superior que levassem em conta critérios raciais. A decisão fragmentada da Suprema Corte limitou as ações afirmativas ao insistir que as universidades não reservassem cotas formais para minorias e que comparassem cada candidato com todos os demais. Se as universidades tivessem o cuidado de observar essas limitações, poderiam considerar a raça como um fator entre muitos, a fim de alcançar um ambiente intelectual diversificado. Embora decisões posteriores tenham lançado dúvidas sobre essa chamada racionalidade da diversidade, uma decisão da Suprema Corte de Michigan, no caso Grutter v. Bollinger, reafirmou a lição fundamental do caso Bakke. As universidades públicas, se assim o desejassem, poderiam implementar programas restritos de ações afirmativas com o fim de criar um ambiente intelectual diversificado.

Os conservadores, no entanto, não abandonaram a luta. Começando por *position documents*, colunas de opinião e livros, os autores dessa

CAPÍTULO VII – A TEORIA CRÍTICA DA RAÇA HOJE

corrente têm argumentado que as ações afirmativas balcanizam o país, estigmatizam as minorias, violam o princípio do mérito e representam uma discriminação inversa. Alguns deles, como os autores de *The Bell Curve*, chegam a afirmar que as minorias talvez sejam biologicamente inferiores aos brancos, de modo que a representação desigual em escolas e ocupações disputadas não deveria ser uma surpresa. Os conservadores completaram sua campanha midiática com uma série de referendos públicos e iniciativas destinada a declarar as ações afirmativas ilegais em certos estados.

Organizações de direitos civis e educadores progressistas têm procurado combater cada uma dessas iniciativas. Cientistas progressistas questionaram as premissas do *The Bell Curve* e de outros argumentos neoeugenistas semelhantes, mostrando como se baseiam em uma ciência já desacreditada. Os teóricos críticos da raça lançaram um ataque completo à ideia convencional de mérito e de exames padronizados. Os conservadores fazem questão de ressaltar que as ações afirmativas dão empregos ou vagas em programas acadêmicos a indivíduos que não os merecem. O público recebe um serviço de má qualidade, enquanto os trabalhadores ou estudantes mais qualificados são deixados de lado. Esse argumento tem repercutido entre certos liberais que equiparam a justiça à neutralidade racial e igualdade de oportunidades em vez de equipará-la à igualdade de resultados.[60]

A crítica do mérito feita pela TCR assume várias formas, todas destinadas a mostrar que a noção está longe da neutralidade que seus defensores imaginam que exista. Vários autores criticam os exames padronizados, demonstrando que é possível treinar candidatos para o SAT ou para o LSAT, e que a forma como são feitos premia pessoas de nível socioeconômico elevado que podem pagar por cursos preparatórios caros.[61] Os resultados dos testes de Direito estimam pouco mais do que as notas do primeiro ano – e, ainda assim, de forma limitada – e não medem outras qualidades importantes, tais como empatia, orientação

---

[60] Ver capítulo 2.
[61] Ver capítulo 6.

para a realização ou habilidades de comunicação. Esses autores ressaltam que o mérito é altamente situacional. Se alguém move o aro de uma quadra de basquete quinze centímetros para cima ou para baixo, a distribuição do mérito muda radicalmente. Da mesma forma, se o objetivo de uma faculdade de Direito é tornar eloquentes os advogados que se destacam em um certo tipo de argumentação verbal, então um determinado grupo estaria mais apto para o mérito. Mas se definirmos as habilidades de advocacia de forma mais ampla para incluir capacidade de negociação, de relação interpessoal e de elaborar um argumento original para reformas legislativas, então um grupo diferente de candidatos ao mérito pode surgir.

Um educador da UCLA, Richard Sander, apresentou uma crítica distinta. Ele argumenta que as ações afirmativas nas faculdades de Direito apenas colocam os negros em contextos que estão além das capacidades deles, e por isso seu desempenho é tão ruim. Sem a ajuda das cotas, as minorias frequentariam escolas mais modestas e seriam mais felizes e bem-sucedidas. Os defensores das ações afirmativas contra-argumentam que os graduados que ingressaram nas principais escolas através de programas de ações afirmativas conseguem, em geral, adaptar-se bem a elas e ter bom desempenho durante o curso e depois de formados. Essas escolas possuem mais recursos, redes de ex-alunos e turmas menores do que as menos conceituadas, de modo que os alunos de minorias raciais que ingressam geralmente têm boas experiências e se qualificam para contribuir significativamente para a sociedade.

Alguns críticos atuais pressionam pela abolição das ações afirmativas baseadas na raça, em favor de uma versão baseada em condições econômicas. Tal programa, dizem eles, ajudaria todas as crianças que cresceram pobres, não apenas as minorias. Também estaria em harmonia com a tendência atual de reparações e formulações sobre raça e racismo baseadas na neutralidade racial. A maioria dos educadores, entretanto, acredita que tal mudança acabaria com as chances das comunidades minoritárias, porque o número de brancos pobres é muito maior do que o de minorias pobres. Certo acadêmico propôs que qualquer instituição que queira implementar um plano de ações afirmativas desse tipo também leve em conta as vantagens ou privilégios de ser branco.[62] Por exemplo, imagine um comitê de admissão de novos estudantes universitários comparando dois candidatos. O candidato A é um *chicano* de East Los Angeles com uma média de 3,9 em uma escola pública de baixa renda e uma pontuação de 1050 no SAT. Em seu currículo de candidatura à universidade consta que assumiu o lugar de provedor do pai quando este foi preso e que ajudou a criar os irmãos mais novos. Seu objetivo de vida é aplicar as ideias religiosas e coletivistas de César Chávez para organizar os bairros pobres da cidade.

O candidato B é filho de uma família branca e suburbana que estudou em uma escola particular e foi para a Europa durante seu último ano de ensino médio. Este aluno tem uma média de 3,3 em uma escola de elite e uma pontuação de 1200 no SAT. Ele não apresenta nenhum objetivo educativo em particular, mas quer desenvolver uma boa base de conhecimentos gerais num Liberal Arts College antes de ir trabalhar na empresa do pai. Seu currículo de candidatura descreve como seu empenho na formação da equipe junior de cross country fortaleceu seu caráter.

A maioria do comitê, assim como a maioria dos leitores deste livro, sem dúvida favoreceria o candidato *chicano*, apesar de suas notas mais baixas nos exames, mas por quê? Talvez seja porque acreditamos que o candidato B não aproveitou ao máximo suas oportunidades, enquanto o candidato A parece ansioso para tal. O autor que desenvolveu essa proposta baseou-se em noções de privilégio branco para sugerir que os responsáveis pelas admissões penalizem ou descontem pontos de candidatos como B, abrindo, dessa maneira, caminho para o ingresso de candidatos como o A. Tal medida reduziria o número de ingressantes indiferentes e abriria caminho para um número ainda maior de estudantes de todas as raças que foram realmente desfavorecidos e estão ansiosos para continuar sua formação.

Recentemente, organizações importantes, incluindo a American Bar Association, têm considerado diminuir a importância dos exames

---

[62] Ver capítulo 5.

padronizados, incluindo o SAT e sua versão para os cursos de Direito, o LSAT, com o argumento de que eles, além de discriminarem as minorias, não são um bom critério para prever o sucesso profissional dos candidatos.

> A fim de formar um conjunto de líderes com legitimidade aos olhos dos cidadãos é necessário que o caminho para a liderança esteja explicitamente aberto a indivíduos talentosos e qualificados de qualquer raça e etnia. Todos os membros de nossa heterogênea sociedade devem ter confiança na transparência e integridade das instituições educativas que proporcionam essa formação... O acesso à educação jurídica (e, portanto, às profissões jurídicas) deve incluir indivíduos talentosos e qualificados de qualquer raça e etnia, de modo que todos os membros de nossa sociedade heterogênea possam participar das instituições educativas que proporcionam a formação e educação necessárias para se ter sucesso nos Estados Unidos.[63]

2.5. Globalização e imigração

Um quinto tema que está atualmente na fronteira da teoria crítica da raça é a globalização. Uma economia globalizada elimina empregos industriais das cidades do interior (muitas vezes transferindo-os para outros países), cria empregos na indústria da tecnologia e da informação, para os quais muitas minorias têm pouca formação, e concentra o capital nos bolsos de uma elite que parece pouco inclinada a compartilhá-lo. Uma economia globalizada frequentemente inclui acordos de livre comércio, como o TLCAN, que pode dizimar a economia de uma nação mais frágil, como o México. Ao mesmo tempo, porém, a globalização dá oportunidades para que minorias formem alianças com trabalhadores industriais e seus sindicatos, que enfrentam problemas semelhantes aos seus – perda de empregos e deterioração dos salários. Alguns *crits* acreditam que a situação das minorias dentro dos EUA e a de seus colegas

---

[63] Caso Grutter v. Bollinger, *539* U. S. 306, 332–33 (2003).

CAPÍTULO VII – A TEORIA CRÍTICA DA RAÇA HOJE

trabalhadores nos países do Terceiro Mundo estão relacionadas e devem ser tratadas em conjunto, e que o hipercapitalismo está condenado a produzir crises periódicas e recessões financeiras nas quais as condições de vida das minorias, assim como as dos trabalhadores pobres, pioram. O aumento das "maquiladoras" no lado mexicano da fronteira com os Estados Unidos traz muitos desses problemas à tona.

A história indica que os acadêmicos que chamam a atenção para essas tendências globais podem estar certos. O *sweatshops* e outras formas de exploração em fábricas do exterior geralmente afetam pessoas de minorias raciais pobres, outrora colonizadas, e, em sua maioria, mulheres. A ideologia descontextualizada do livre mercado defenderia que as corporações americanas estão apenas oferecendo a esses trabalhadores o salário habitual, ou talvez até um pouco a mais. Os críticos apontam que a razão pela qual esses salários são baixos e os novos empregos atraentes é que o colonialismo americano e europeu roubou as riquezas naturais das antigas colônias, reprimiu o desenvolvimento de líderes locais e conspirou com ditadores de direita para manter o povo pobre, amedrontado e desorganizado. Líderes indígenas como Rigoberta Menchú e Subcomandante Marcos têm liderado movimentos de resistência em muitos países da América Latina, chamando a atenção para a necessidade de democracia econômica e reforma agrária. As corporações americanas geralmente se opõem a mudanças como essas. Muitos acadêmicos críticos latinos e até mesmo o Papa Francisco têm se posicionado a favor dos movimentos indígenas.

Se a ala materialista da teoria crítica da raça estiver certa, as minorias nacionais têm sido vítimas de forças muito semelhantes. De fato, seus destinos estão ligados aos de seus congêneres estrangeiros, já que os capitalistas podem sempre usar a ameaça de transferir as operações industriais para o exterior, com o objetivo de derrotar sindicatos e atacar a legislação trabalhista, as políticas de proteção social e outros programas de interesse das minorias americanas. Assim, alguns *crits* começaram a ler ou reler o corpo de literatura conhecido como estudos pós-coloniais em um esforço para entender como seu movimento poderia se combinar com essas forças.

Outra área de destaque para a análise crítica da raça é a do Direito Migratório. Os Estados Unidos toleram e, em alguns casos, são cúmplices de regimes repressores assassinos no exterior, muitas vezes em países pequenos, cujas riquezas ele e outras potências coloniais já saquearam. Pessoas desses países, o que não é uma surpresa, muitas vezes buscam migrar para os Estados Unidos ou para os países industrializados prósperos do Norte da Europa. Embora os Estados Unidos tenham abandonado seu sistema racista de cotas migratórias por nacionalidade em 1965, ele ainda limita a imigração e policia a fronteira sul com o México zelosamente. O controle de constitucionalidade da política de imigração é fortemente limitado devido à doutrina do *plenary power*, nos termos da qual os tribunais concedem ao Congresso poderes praticamente ilimitados para regular a imigração. Assim, iniciativas junto a países ou grupos de futuros imigrantes que seriam nitidamente uma violação da garantia de igual proteção ou do devido processo não podem ser contestadas nos tribunais. O tratamento cruel a pessoas que fogem da pobreza, de quadrilhas, de esquadrões da morte ou da repressão em seu país de origem oferece o que um teórico crítico da raça chamou de "espelho mágico" dentro do coração da América. Esse espelho mostra o que a sociedade americana realmente pensa de seus próprios cidadãos de minorias raciais e como os trataria se não fossem os tribunais.

Como já dissemos, estudiosos dos direitos civis têm questionado a filtragem racial dos imigrantes de aparência latina, as portarias locais destinadas aos imigrantes, os vigilantes de fronteira ilegais e a privatização da detenção de imigrantes. Eles também têm perguntado quem se beneficia do aumento da repressão à imigração e da construção de prisões. Também têm questionado se o elevado nível de suspeita e vigilância dos serviços nacionais de inteligência em relação às pessoas com traços do Oriente Médio e aos muçulmanos é justificável e até mesmo faz sentido em termos de aplicação da lei. Eles afastam a própria comunidade de cuja cooperação as autoridades precisam para controlar as ameaças à segurança nacional e permitem que os grupos verdadeiramente terroristas justifiquem seus argumentos à nossa custa. E lembram capítulos repugnantes da história dos EUA, como o confinamento de toda uma minoria nacional na Segunda Guerra Mundial com base na

CAPÍTULO VII – A TEORIA CRÍTICA DA RAÇA HOJE

simples suspeita de que um pequeno subgrupo ocultava pensamentos e planos antipatrióticos. Um acadêmico observou recentemente como a retórica presidencial da Guerra contra o Terror reaviva velhos temas da época das guerras contra os indígenas.

2.6. Direitos eleitorais

Como mencionado, a atuação policial e o encarceramento agressivos criam um grande número de civis ex-presidiários proibidos de votar. Mas, além da "interdição de direitos", as comunidades raciais minoritárias sofrem ainda mais simplesmente por causa de seu status numérico de minoria. Na maioria das eleições, exceto para prefeito de algumas grandes cidades, as pessoas de minorias raciais sempre serão a minoria. Mesmo que votem em bloco, se os brancos também votarem dessa forma as minorias tendem a ser derrotadas.

A Suprema Corte aprovou recentemente regras de votação que têm um efeito desproporcional sobre o voto das minorias. Até que a composição demográfica do país mude de forma ainda mais decisiva, os esforços para combater a sub-representação das minorias devem continuar. A votação cumulativa, proposta por um importante teórico crítico da raça, contornaria alguns desses problemas ao permitir que eleitores, ante uma lista com dez candidatos, por exemplo, pudessem destinar todos os seus dez votos a uma só pessoa, de forma que um dos candidatos, digamos um afro-americano cujo histórico e posicionamentos interessem àquela comunidade, possa vencer as eleições. O mesmo autor apresentou uma série de sugestões visando melhorar a situação do legislador negro ou pardo que é constantemente derrotado nos corredores do poder ou é obrigado a se envolver em trocas de votos e favores para ser eventualmente bem-sucedido.

Com os recentes cortes nos direitos de voto das minorias (caso Shelby County v. Holder), todas essas questões adquirem ainda mais importância. Desde 2013, as autoridades do Sul do país não precisam da "aprovação prévia" federal quando mudam as regras de votação. Muitos aproveitaram essa oportunidade para exigir identificação por foto, mudar os escritórios de registro para locais distantes e limitar os horários de votação, mudanças que tendem a prejudicar muito os cidadãos pertencentes a minorias raciais que queiram votar.

3. Identidade

Como mencionado anteriormente,[64] uma profunda divisão separa atualmente duas grandes linhas de pesquisa na teoria crítica da raça. Uma (a escola materialista ou "do mundo real") escreve sobre questões como globalização, imigração, nativismo, disparidade de riqueza, raça e classe e o sistema de justiça penal. Em ampla sintonia com a visão de Derrick Bell da raça como expressão dos interesses materiais dos grupos de elite, os participantes dessa primeira linha buscam entender, analisar, criticar ou transformar as circunstâncias que afligem as comunidades raciais minoritárias em seus esforços para garantir vida melhor e mais próspera.

Os analistas do discurso, ao contrário, concentram-se nas ideias e categorias pelas quais nossa sociedade constrói e compreende raça e racismo. Os escritores desse campo tendem a enfatizar questões como identidade e interseccionalidade focadas no pensamento categórico. Seus esforços concentram-se no papel das ideias, pensamentos, sentimentos, discriminação inconsciente, ameaça dos estereótipos e associações implícitas e suas consequências para o pensamento jurídico. As linhas não são rígidas; alguns autores refletem, por exemplo, tanto sobre o discurso de ódio quanto sobre a construção social da raça, ou sobre a discriminação inconsciente e, ao mesmo tempo, sobre a discriminação aberta, cara a cara. Por exemplo, o segundo grupo de estudiosos tem realizado ciclos de discussões estimulantes tratando das relações dentro da própria teoria crítica da raça, questionando, por exemplo, se o LatCrit "essencial" é um católico profundamente religioso. Caso seja, como isso afeta os latinos/as gays ou lésbicas cujo estilo de vida tem sido fortemente

---

[64] Ver capítulo 2.

CAPÍTULO VII — A TEORIA CRÍTICA DA RAÇA HOJE

marginalizado por essa fé? Outros analisam a configuração interna do grupo latino, muitos dos quais possuem ascendência tanto indígena quanto europeia. Eles deveriam se declarar como "indígenas" nos formulários do Censo dos EUA? Ou assinalar a opção "outra raça" e, no espaço a seguir, escrever a palavra "mestiço"? Já mencionamos a controvérsia sobre a incorporação do binômio negro-branco no pensamento racial americano. Se assim é, o apego a esse binômio marginaliza asiáticos, latinos e indígenas americanos? Seria ele, em suma, uma afirmação de poder? As pessoas de minorias raciais têm algo em comum, a saber, a opressão de que são vítimas, ou podemos falar apenas de opressões?

Enquanto isso, alguns *crits* no grupo materialista estão ficando cada vez mais impacientes com os analistas do discurso, advertindo que a situação racial do país está se tornando tão grave que investir esforços no estudo de como alguns professores universitários de alto escalão se relacionam entre si ou como se expressam seria agir como Nero, que tocava harpa enquanto Roma ardia em chamas. Os analistas do discurso, por sua vez, apontam que muitas de nossas cadeias são mentais e que nunca seremos livres se não superarmos essas antigas barreiras e padrões aviltantes de pensamento e fala, se não criarmos um discurso que aborde novos conceitos necessários.

Apesar de ocasionais divergências e diferenças de ênfase, a teoria crítica racial continua sendo uma força dinâmica no cenário jurídico e cultural americano. A formação de novos grupos, longe de prejudicar a efetividade do grupo ou de apagar sua voz, só tem agregado dimensões novas e vitais para o movimento como um todo.

Exercício de sala de aula: painel sobre a intersecção de raça e imagem corporal

Você é coordenador do programa da conferência regional estudantil sobre teoria crítica da raça, acabou de receber uma carta de um grupo de uma das escolas da área, que deseja um painel sobre distúrbios alimentares e imagem corporal. Eles observam que os distúrbios alimentares e as distorções da imagem corporal são importante fonte de tristeza para pessoas de minorias raciais, tanto jovens como idosas, e que a pressão para se adequarem ao padrão eurocêntrico de beleza e aparência física torna esses problemas especialmente agudos para as mulheres dessas minorias, muitas das quais têm poucas chances de atingi-los.[65] Você está preocupado que a imprensa, que certamente irá cobrir a conferência, possa tratar esse painel "sobre obesidade", se você permitir que ele ocorra, com deboche.

A sua turma ou grupo de estudo é a comissão organizadora do programa. Apresente os prós e contras da proposta e decida como lidar com ela.

4. Análise crítica empírica

Nos últimos anos, psicólogos e outros cientistas sociais têm desenvolvido novas ferramentas para compreender a opressão racial e seus efeitos. Com base no trabalho de Claude Steele, Joshua Aronson e outros, os empiristas tentam compreender como a ameaça do estereótipo prejudica o desempenho de candidatos oriundos de minorias em exames e como se pode combatê-la. Até este momento, os tribunais têm sido lentos na aplicação dessas ideias que essa nova forma de conhecimento apresenta, mesmo que elas pareçam capazes de aprofundar a compreensão dos motivos para as diferenças de desempenho em exames padronizados entre brancos e minorias.

> Devido à escassez de provas... o tribunal é incapaz de determinar se a ameaça do estereótipo explica em alguma medida a disparidade entre as pontuações do LSAT entre caucasianos e minorias sub-representadas... O prof. Steele não quantifica o efeito da ameaça do estereótipo, nem, pelo menos de acordo com este relatório, realizou qualquer pesquisa sobre o LSAT. Se há

---

[65] Ver capítulo 5.

> evidências mostrando que a ameaça do estereótipo é responsável por alguma das disparidades do LSAT, isso não ocorreu neste caso. O... argumento... pressupõe que todos os integrantes de grupos minoritários sub-representados enfrentam adversidades, o que lhes daria direito a algum grau de ajuste para cima em sua pontuação na UGPA e no LSAT... Cada candidato à faculdade de Direito é um indivíduo cuja história pessoal é única... O tribunal é incapaz de determinar se a ameaça do estereótipo contribui em alguma medida para a diferença de resultados entre caucasianos e minorias sub-representadas no LSAT.[66]

Outros psicólogos sociais estudam as associações implícitas, as conexões quase automáticas que praticamente todas as pessoas que crescem na sociedade americana estabelecem entre raça e qualidades pessoais, tais como limpeza, atratividade, bondade e tendência a obedecer a lei. Muitos americanos têm feito o teste de associação implícita, que está disponível on-line, e aprendido que abrigam atitudes negativas em relação a minorias, estrangeiros ou mulheres. Diferentemente da ameaça do estereótipo, a pesquisa sobre a associação implícita vem aos poucos fazendo incursões no pensamento de advogados e juízes.

> O depoimento que educa um júri sobre os conceitos de parcialidade implícita e estereótipos é relevante para a questão de se um empregador discriminou intencionalmente um empregado... A norma 702 simplesmente exige isto: (1) que o perito seja qualificado; (2) que o depoimento aborde um assunto no qual a investigação possa ser auxiliada por um perito; (3) que o depoimento seja confiável; e (4) que o depoimento "se adeque" aos fatos do caso...
> Todos esses fatores estão aqui satisfeitos. O dr. Greenwald é qualificado. Suas manifestações são baseadas em metodologias confiáveis e consistem em temas relevantes. Finalmente, o depoimento do dr. Greenwald provavelmente proporcionará ao júri informações que ele poderá utilizar para tirar suas próprias

---

[66] Caso Grutter v. Bollinger, *137 F. Supp.* 821 (E. D. Mich., 2002).

conclusões. Portanto, o tribunal considera que, tendo sido apresentados fundamentos suficientes no julgamento, o depoimento de especialista do dr. Greenwald é útil o suficiente para ultrapassar a barreira de admissibilidade.[67]

Outros ainda têm aplicado a teoria da dominância social e os trabalhos de Jim Sidanius e seus colegas em um esforço para entender por que os seres humanos parecem demonstrar um impulso para controlar e dominar seus compatriotas. E alguns se baseiam no trabalho de Charles Pierce e Peggy Davis para teorizar sobre o modo como as microagressões constroem um mundo no qual as minorias e as mulheres estão constantemente na defensiva. Várias manifestações de tribunais que lidam com a discriminação no local de trabalho argumentam que o acúmulo de pequenos insultos no trabalho constitui uma discriminação passível de reparação.

Questões e comentários para o capítulo VII

1. Agora que você chegou até aqui, volte à pergunta com a qual o capítulo 2 começou: Será que uma campanha para que todas as pessoas brancas neste país fossem neutras em relação à raça – ou seja, que desconsiderassem completamente a raça de outras pessoas – eliminaria o flagelo do racismo e da subordinação racial? Ou o racismo está tão incorporado em nossas estruturas sociais, regras, leis, linguagem e formas de fazer as coisas que o sistema de subordinação de negros/pardos/amarelos em relação aos brancos continuaria, como se estivesse em piloto automático? Ao ser tão lucrativa e habitual, é provável que a sociedade abandone a subordinação racial?

---

[67] Caso Samaha v. Wash. St. Dept. of Tran., *U. S. Dist. Ct., E. D., Wash., Jan. 3, 2012, WL 11091843* at 4.

CAPÍTULO VII — A TEORIA CRÍTICA DA RAÇA HOJE

2. A maioria das pessoas de minorias raciais apoia as ações afirmativas; a maioria dos brancos se opõe a elas. Por que isso acontece?

3. As ações afirmativas são uma recompensa à incompetência? Em caso de resposta afirmativa, por que a produtividade do país não diminuiu durante os 25 anos em que o programa tem estado em funcionamento? E por que a maioria das grandes corporações são a favor delas?

4. Por que o filho de pele clara de um neurocirurgião negro com uma pontuação de 1080 no SAT deveria ser aprovado no lugar da filha de um imigrante ucraniano que trabalha em uma fábrica de móveis, teve que aprender inglês do zero e obteve uma pontuação de 1250 no mesmo exame?

5. Se a polícia aborda os motoristas negros 50% das vezes e os brancos apenas 10% das vezes, justificando essas paradas com o argumento de que os homens negros cometem mais crimes do que os brancos, isso é justo?

6. Se um policial branco vê dois jovens negros ou latinos caminhando pela calçada sem rumo ou razão para estar lá, será que o policial pode perguntar a eles para onde estão indo? Se o policial fizer a pergunta a eles, mesmo que educadamente, estará cometendo um insulto ou um desrespeito?

7. As prisões e cadeias da nação estão cheias de presos pertencentes a minorias, especialmente homens jovens. Esse fato é expressão do racismo? Caso o seja, o que deve ser feito a respeito?

8. O que você acha dos jurados negros que se empenham na nulificação pelo júri? Nosso sistema fez algo semelhante no Sul, quando os tribunais não condenaram assassinos brancos de manifestantes negros por direitos civis?

9. Se corporações e agências governamentais situam 50% dos riscos biológicos (como plantas de saneamento) em comunidades de minorias e 10% em comunidades brancas, isso é justo? Suponha que a terra seja mais barata em bairros de minorias, fazendo com

que a decisão pareça economicamente racional. Isso é uma boa razão para situar essas instalações lá? Imagine que as minorias tenham se deslocado para essas áreas por causa de empregos com bons salários ou porque a moradia é mais barata.

10. Se uma empresa americana paga a uma tailandesa US$ 1,10 por hora para trabalhar um turno de dez horas em uma fábrica quente e barulhenta, e o salário vigente na Tailândia é de US$ 1,00 por hora para um dia de trabalho de onze horas, isso é justo? Suponha que ela insista em trabalhar nesse emprego. Qual seria o salário mínimo justo em um país desenvolvido como os Estados Unidos?

11. Negros, *chicanos* e asiáticos são constantemente derrotados pelos brancos nas eleições, mas há algo de errado com isso? A maioria não deveria governar?

12. Os latinos são agora 17% da população dos EUA e superam os negros como maior grupo étnico minoritário. Onde os latinos se encaixam na equação dos direitos civis? Eles são mais parecidos com os negros? Brancos? Indígenas americanos? Americanos de origem asiática? E quem deve decidir sobre isso? Eles devem ser elegíveis para ações afirmativas e outros programas governamentais?

13. Muitos de nós gostamos de pensar que a sociedade é menos racista hoje do que antes, pelo menos em sentido amplo. Mas o discurso de ódio parece estar aumentando na era dos blogs, das páginas web e do *talk radio*. Se assim for, qual é a solução para essa escalada do discurso de ódio? As personalidades conservadoras do rádio e os usuários anônimos da internet não têm o direito de dizer o que pensam?

14. Os administradores coloniais britânicos e franceses exerceram poder sobre grandes populações nativas através de uma variedade de estratégias, incluindo a cooptação de elites locais, dando-lhes empregos de nível médio na administração colonial e pregando a superioridade ocidental. Agora que a população americana começa a se assemelhar à de um estado colonial, com uma minoria

de brancos e uma preponderância de pessoas de minorias, será que essas mesmas estratégias neocoloniais serão novamente utilizadas? Isso já está ocorrendo?

15. A maioria das pessoas hoje acredita que o discurso de ódio deve ser desencorajado. Mesmo que alguém esteja com raiva de outro indivíduo, pensamos que é errado chamá-lo por um nome que caracterize ofensa étnica ("Seu ____"). Suponha que um rapper use a mesma palavra. Deveria ser considerado discurso de ódio? Por que sim ou por que não?

16. O que deve fazer um ativista social se sua escola ou outra organização se recusam a contratar minorias, negam benefícios concedidos a cônjuges para casais gays e se recusam a utilizar fontes renováveis de energia em seu campus ou estabelecimento?

Sugestões de leitura

ALARCÓN, Daniel, "Laws across the Country Are Being Used to Target Young Men Who Look Like Gang Members, but What If They Aren't What They Seem?", *N.Y. Times Mag., May 31, 2015,* at 47.

ALEXANDER, Michelle, *A Nova Segregação: racismo e encarceramento em massa* (2018).

ARMOUR, Jody D., *Negrophobia and Reasonable Racism* (1997).

BLOW, Charles M., "Confederate Flags and Institutional Racism", *N.Y. Times, June 24, 2015.*

BUTLER, Paul, *Let's Get Free: A Hip-Hop Theory of Justice* (2009).

CARNEY, Zoe Hess & STUCKEY, Mary E., "The World as the American Frontier: Racialized Presidential War Rhetoric", *80 S. Comm. J.* 163 (2015).

COLE, Luke & FOSTER, Sheila, *From the Ground Up: Environmental Racism and the Rise of the Environmental Justice Movement* (2000).

CRENSHAW, Kimberlé, "The First Decade: Critical Reflections, or 'A Foot in the Closing Door'", *49 UCLA L. Rev.* 1343 (2002).

DAVIS, Peggy C., "Law as Microaggression", *98 Yale L. J.* 1559 (1989).

DELGADO, Richard & STEFANCIC, Jean, "Hate Speech in Cyberspace", *49 Wake Forest L. Rev.* 319 (2014).

ERMAN, Sam & WALTON, Gregory M., "Stereotype Threat and Antidiscrimination Law: Affirmative Steps to Promote Meritocracy and Racial Equality in Education", *88 S. Cal. L. Rev.* 307 (2015).

GILREATH, Shannon, *The End of Straight Supremacy: Realizing Gay Liberation* (2011).

GULATI, Mitu & SHIN, Patrick S., "Showcasing Diversity", *89 N. C. L. Rev.* 1017 (2011).

HERNÁNDEZ, Tanya Katerí, "Afro-Mexicans and the Chicano Movement: The Unknown Story", *92 Cal. L. Rev.* 1537 (2004).

JOHNSON, Kevin R., *Opening the Floodgates: Why America Needs to Rethink Its Borders and Immigration Laws* (2007).

JORDAN, Emma Coleman & HARRIS, Angela P. (Eds.), *When Markets Fail: Race and Economics* (Emma Coleman Jordan & Angela P. Harris eds., 2006).

MATSUDA, Mari J., "Public Response to Racist Speech: Considering the Victim's Story", *87 Mich. L. Rev.* 2320 (1989).

PEREA, Juan F., "Demography and Distrust: An Essay on American Language, Cultural Pluralism, and Official English", *77 Minn. L. Rev.* 269 (1992).

PEREZ HUBER, Lindsay & SOLORZANO, Daniel, "Racial Microaggressions as a Tool for Critical Race Research", *18 Race, Ethnicity, and Educ.* 297 (2015).

PRUITT, Lisa R., "Who's Afraid of White Class Migrants? On Denial, Discrediting, and Disdain (and Toward a Richer Concept of Diversity)", *31 Colum. J. Gender & L.* 196 (2015).

RUSSELL-BROWN, Katheryn, *The Color of Crime: Racial Hoaxes, White Fear, Black Protectionism, Police Harassment, and Other Macroaggressions* (2nd ed., 2008).

SANDER, Richard, "A Systemic Analysis of Affirmative Action in American Law Schools", *57 Stan. L. Rev.* 367 (2003).

SIMON, Jonathan, *Mass Incarceration on Trial* (2014).

YAMAMOTO, Eric K., "Reframing Redress: A '"Social Healing through Justice"' Approach to United States–Native Hawaiian and Japan–Ainu Reconciliation Initiatives", *16 Asian Am. L. J.* 5 (2009).

CAPÍTULO VIII
CONCLUSÃO

O capítulo 7 apresentou a teoria crítica da raça nos dias de hoje. Agora é hora de propor algumas reflexões sobre o futuro. Esse exercício incluirá arriscar algumas previsões sobre um conjunto de problemas com que os ativistas e teóricos dos direitos civis poderão se deparar, assim como as alternativas para enfrentá-los. Finalmente, consideramos como o establishment pode responder a alguns dos esforços do movimento.

1. O futuro

Imagine uma criança jovem, do sexo feminino, nascida no ano 2017. Ela pode ser branca, negra, parda, asiática ou mestiça. A cor não importa. Ela pode ser cristã, judaica, muçulmana, budista ou ateísta. Que tipo de mundo ela herdará? Durante seus primeiros anos de vida, o número de negros e latinos será quase igual, e os asiáticos também serão uma minoria em rápido crescimento. Os brancos, no entanto, continuarão sendo a maioria numérica até cerca de 2042, além de o maior grupo individual em um futuro previsível.

Em primeiro lugar, é provável que nossa criança cresça em um bairro segregado e frequente escolas segregadas. Os tribunais têm derrubado os decretos de dessegregação, enquanto os conservadores têm feito lobby eficaz para o fim das ações afirmativas no ensino superior – e podem ser bem-sucedidos, apesar da decisão da Suprema Corte que garante essa política pública no caso Fisher vs. Universidade do Texas. A riqueza dos Estados Unidos está fortemente dividida entre um grupo muito abastado no topo da escala socioeconômica e o restante da população. Se nossa criança tiver a sorte de nascer em uma família privilegiada, ela poderá crescer em um condomínio fechado com excelentes serviços, escolas e segurança privadas. No caso contrário, ela terá – se for branca – um nível de vida próximo ao de um país europeu de nível médio, como Espanha ou Itália, ou – se for negra ou parda – seu nível de vida estará mais próximo ao de um precário país do Terceiro Mundo. A nova economia, baseada na tecnologia da informação e em um grande setor de serviços, pouco fará para alterar essa distribuição de riqueza e poder.

Algumas décadas depois, à medida que nossa criança se aproxima da idade adulta, as condições podem mudar. As minorias raciais dos EUA crescerão em número e começarão, pela primeira vez, a competir política e economicamente com os brancos. O número de pessoas não brancas ocupando cargos como juiz, executivo de empresa e eleitos como políticos aumentará inexoravelmente. Ao mesmo tempo, a globalização e a necessidade de estabelecer relações com países em desenvolvimento começarão a favorecer as pessoas de ascendência multicultural e multirracial – falam outros idiomas e interagem facilmente com seus colegas estrangeiros. As minorias encontrarão novos nichos na economia mundial.

Tal mudança de poder ocorrerá pacificamente ou somente depois de uma longa batalha? O palpite do leitor é tão bom quanto o nosso. Uma certa escola de Ciências Sociais defende que a competição socioeconômica aumenta as tensões raciais, pelo menos a curto prazo. Ao mesmo tempo, a teoria da convergência de interesses sugere que, à medida que o mundo se torna mais cosmopolita e o *status* de minoria e as competências linguísticas se transformam em ativos positivos, o oposto pode ocorrer, assim como tem ocorrido em tempos de guerra.[68] Se assim for, as barreiras contra a aquisição de imóveis, contra a mobilidade profissional e contra

---

[68] Veja KLINKNER Philip A. & SMITH, Rogers M., *The Unsteady March: The Rise and Decline of Racial Equality in America* (1999).

CAPÍTULO VIII – CONCLUSÃO

o ingresso de minorias em universidades e faculdades podem diminuir um pouco. Faculdades e locais de trabalho tentarão novos programas para aumentar o fluxo de minorias para o mercado; acadêmicos e advogados encontrarão novas teorias jurídicas, aceitáveis pelos tribunais, para que isso aconteça. Os locais de trabalho atenderão o chamado de Devon Carbado e Mitu Gulati e deixarão de pressionar os trabalhadores integrantes de minorias para que façam hora extra, para que ocultem sua fisionomia negra ou parda, e farão com que seus colegas de trabalho não os achem assustadores, estrangeiros ou incompetentes. Com sorte, nossa hipotética criança, no final de sua vida, vivenciará uma transição pacífica para uma América mais inclusiva e poliglota. Uma terceira Reconstrução, um pouco nos moldes dos anos 60, pode ocorrer, mas de maneira mais lenta, segura e irreversível.

2. Uma agenda da teoria crítica da raça para o novo século

Naturalmente, a transição pacífica que acaba de ser descrita pode não ocorrer – o establishment branco pode resistir a uma evolução ordeira em direção ao compartilhamento do poder, particularmente em ocupações de nível superior e técnico, em agências policiais e no governo. Tal como aconteceu na África do Sul, a transformação pode ser convulsiva e caótica. Se assim for, os teóricos e ativistas críticos deverão proporcionar defesa jurídica aos movimentos de resistência e ativistas e articular teorias e estratégias para essa resistência. Ou um terceiro regime, intermediário, pode se estabelecer. Como mencionado anteriormente, os brancos podem implantar mecanismos neocoloniais, incluindo concessões simbólicas e a criação de uma série de postos médios de gerência para membros de minorias de pele clara, buscando ao máximo evitar a transferência de poder.

Mas, assumindo que a transição avançará e será relativamente pacífica, os ativistas e acadêmicos dos direitos civis precisarão tratar de uma série de questões à medida que os Estados Unidos mudam de aparência. Entre elas está a contínua desconstrução da raça, de modo que as teorias biológicas de inferioridade e hierarquia nunca mais possam surgir. Também precisarão intensificar esforços para eliminar as barreiras à mobilidade social das minorias, especialmente nos exames e nas arcaicas condições para se alcançar mérito, tais como o SAT, que atualmente é um obstáculo no caminho. Impelidas por teóricos críticos, algumas escolas já estão fazendo isso.

Esses esforços incluirão medidas como boicotes econômicos destinados a aumentar a representação das minorias na mídia, mas também contra editoras, escritores, cartunistas e produtores de filmes que continuam difundindo caricaturas detestáveis sobre minorias. E também incluem a eliminação do racismo no sistema policial e de justiça penal, para que os jovens pertencentes a minorias tenham mais chances de ir para a faculdade do que para a prisão. Eles devem incluir, também, a reforma das condenações e a atenção às consequências após seu cumprimento, tais como a interdição de direitos, que de outro modo perseguirão um réu pelo resto de sua vida. Os esforços necessários incluirão a garantia de que os pontos de vista e interesses das minorias sejam levados em conta, naturalmente, em cada decisão política importante tomada pela nação.

Os teóricos críticos da raça terão que participar do desenvolvimento de novas políticas de imigração que permitam um fluxo mais livre de trabalhadores e de capital, garantindo, ao mesmo tempo, que os recém-chegados não enfraqueçam a capacidade de sindicalização dos trabalhadores e sua luta em busca de melhores condições de trabalho. Os defeitos da lei de imigração precisarão de atenção para que pessoas, inclusive crianças, muitas vezes desacompanhadas, e que fogem de regimes totalitários, não acabem em grandes centros de detenção ou sejam deportadas de volta para os locais de origem, sofrendo pesadelos, problemas em seu desenvolvimento cognitivo, outras doenças psíquicas ou até mesmo morrendo no processo.

Esses ativistas precisarão garantir que a sociedade deixe de exigir a assimilação como condição para a admissão em empregos, bairros e escolas, e que as minorias que optarem por manter sua cultura, idioma, sotaque, religião ou formas de vestir possam fazê-lo sem prejuízos. Eles precisarão lutar tenazmente pela democracia econômica, para que o número atualmente desproporcional de pessoas de minorias raciais na pobreza extrema possa ter acesso a um nível decente de serviços, assistência médica e educação, para que elas – ou pelo menos seus filhos – tenham a chance de participar da vida americana convencional. Precisarão elucidar, também, a relação entre raça e classe como vetores de discriminação distintos mas sobrepostos.

Acima de tudo, precisarão reunir todos os argumentos concebíveis, explorar cada fenda, brecha e lampejo de convergência de interesses para tornar essas reformas palatáveis para uma maioria que só em alguns momentos de sua história tem se mostrado capaz de tolerá-las; então precisarão assegurar, através de uma legislação apropriada e outras medidas estruturais, que as reformas não sejam facilmente revertidas. Isso pode exigir conexões com interlocutores em países estrangeiros, a fim de tirar proveito de suas experiências e aprender uns com os outros.

3. Possíveis reações ao movimento da teoria crítica da raça

Partindo do princípio de que o futuro irá decorrer mais ou menos como delineamos – com dificuldades, resistências e uma repressão velada a curto prazo, mas com perspectivas mais amplas a partir de algumas décadas no futuro – e supondo que a TCR assuma muitas das tarefas esboçadas na seção anterior, o que o futuro reserva para a TCR como movimento? Uma série de opções parece ser possível.

3.1. A teoria crítica da raça torna-se a nova ortodoxia dos direitos civis

A TCR poderia se tornar a nova ortodoxia dos direitos civis. Os esquemas de representação eleitoral (incluindo a votação cumulativa, descrita no capítulo 7) apresentados por Lani Guinier e outros poderiam ser estabelecidos, assegurando um maior número de prefeitos, senadores e membros de minorias raciais no Congresso. Os tribunais poderiam flexibilizar sua abordagem em relação à regulamentação do discurso de ódio, tal como preconizado por autores como Mari Matsuda, Charles Lawrence e Richard Delgado, talvez percebendo que uma sociedade cada vez mais multicultural não pode tolerar a marginalização planejada e o repúdio a um segmento substancial de seus membros. O nativismo contra os latinos pode diminuir, e a nação pode adotar uma política de imigração nova e mais liberal. A crítica à neutralidade racial pode, eventualmente, persuadir a Suprema Corte dos Estados Unidos a aceitar medidas que levem em conta a raça no emprego e na educação, proporcionando condições equitativas de acesso para aqueles que estão há muito tempo excluídos das recompensas da sociedade. Uma nova política "americanizada" da legislação federal indígena, como defendida por Robert Williams, poderia reconhecer as tribos indígenas, inequivocamente, como nações soberanas. A nação pode começar a considerar reparações para esses grupos, assim como para os negros, cujos antepassados foram escravizados, e para os *chicanos* e porto-riquenhos, cujas terras foram tomadas e colonizadas.

A teoria crítica da raça pode até seguir o exemplo dos estudos jurídicos críticos (CLS, na sigla em inglês), que se incorporaram tão profundamente na pesquisa e no ensino acadêmico que seus preceitos se tornaram parte do conhecimento convencional. Isso pode, de fato, estar acontecendo. Considere como, em muitas disciplinas, os pesquisadores, professores e cursos professam, quase incidentalmente, a adesão à teoria crítica da raça. Considere também quantos comentaristas, jornalistas e livros influentes, tais como *The New Jim Crow* (*A Nova Segregação*), de Michelle Alexander, desenvolvem temas críticos sem quase mencionar sua origem no pensamento crítico. A teoria crítica da raça poderia um dia se difundir na atmosfera, de modo que quase não a percebamos mais?

3.2. A teoria crítica da raça é marginalizada e ignorada

Novos estudiosos da raça também poderão ser ignorados, como aconteceu no início do movimento.[69] Presidentes, departamentos de

---

[69] Ver capítulo 1.

CAPÍTULO VIII – CONCLUSÃO

faculdade e comissões sobre raça poderiam voltar a buscar orientação nas vozes do incrementalismo e da neutralidade racial, talvez para negarem o problema ou para "mantê-lo sob controle" o maior tempo possível.

3.3. A teoria crítica da raça é analisada, porém rejeitada

O movimento já tem atraído sua parcela de detratores que o veem como excessivamente radical, inconsistente com a filosofia do Iluminismo e mau exemplo para as comunidades minoritárias. Mais pessoas poderiam ser convencidas sobre esse ponto de vista, especialmente se programas de rádio e as páginas de direita continuarem proliferando e ganhando popularidade, ou se a política partidária do país mudar radicalmente.

3.4. Incorporação parcial

Talvez seja mais provável que alguns aspectos da teoria racial crítica sejam aceitos pela sociedade atual e pelos corredores do poder, enquanto outros continuarão enfrentando resistência. A *narrative turn* e as pesquisas sobre *storytelling* parecem bem encaminhadas para a aceitação, assim como a crítica do mérito. A ascensão das mídias sociais só acelerou essa tendência. A interseccionalidade parece bem enraizada nos estudos feministas e em outras disciplinas. Aspectos mais radicais, tais como o reconhecimento de que o status quo é inerentemente – e não esporádica ou acidentalmente – racista, parecem menos suscetíveis de serem aceitos. A necessidade de regulamentação para o crime e o discurso de ódio provavelmente se tornará evidente, como já o é para diversas nações europeias e da Commonwealth.

Mesmo que só essas perspectivas relativamente brandas da teoria crítica da raça sejam adotadas, o esforço não terá sido em vão. A sociedade americana, para não mencionar sua comunidade intelectual, parece aberta a pensar (se não a agir) de forma mais criativa sobre a questão da raça. Certamente, a atual legislação liberal dos direitos civis tem gerado pouco entusiasmo, e tampouco tem ajudado muito as comunidades minoritárias que dela necessitam. Talvez se estudiosos *outsiders* – novos convertidos e companheiros de viagem – persistirem, seu trabalho com o tempo não parecerá tão estranho ou mesmo radical, e a transformação possa chegar à sociedade americana, por mais lento e sofrido que seja esse caminho.

> O Estatuto da Virgínia não viola a Primeira Emenda ao proibir a queima de cruzes com a intenção de intimidar. Ao contrário do estatuto em questão na R. A. V., o Estatuto da Virgínia não trata como opróbrio apenas aquele discurso dirigido a "um dos tópicos especificados". Não importa se um indivíduo queima uma cruz com intenção de intimidar em função da raça, gênero ou religião da vítima, ou por causa da "afiliação política, filiação sindical ou homossexualidade da vítima"...
>
> A Primeira Emenda permite à Virgínia proibir a queima de cruzes feita com a intenção de intimidar, pois queimar uma cruz é uma forma particularmente virulenta de intimidação... A Virgínia pode decidir regular este subconjunto de mensagens intimidadoras à luz da longa e perniciosa história de queima de cruzes como sinal de violência iminente.[70]

Exercício de sala de aula

Escreva cinco previsões sobre como você vê o cenário racial americano daqui a 25 anos. Coloque esse documento em um lugar seguro para consulta futura. Antes de guardá-lo, compare suas anotações com as de outras três pessoas de sua sala ou grupo de estudo. Quantas das suas previsões se repetem nas dos colegas? Possíveis tópicos a serem considerados: os Estados Unidos terão algum dia uma mulher negra presidente? (Na primeira edição deste livro, perguntamos quando os leitores achavam que um presidente negro ia chegar ao poder). Um

---

[70] Caso Virginia v. Black, *538 U. S.* 343, 344–45 (2003).

CAPÍTULO VIII – CONCLUSÃO

latino/a? Um americano de origem asiática? Um líder gay, uma lésbica ou transgênero?

Os Estados Unidos adotarão uma política de imigração aberta ou seguirão o caminho oposto, de limitar muito a imigração? Será que as minorias raciais realmente superarão os brancos em número em meados do século XXI, como muitos demógrafos acreditam? E o que vai acontecer então? A raça e o racismo alguma vez desaparecerão? O Projeto Genoma Humano mostrará que os eugenistas e os pesquisadores do QI racial estavam pelo menos parcialmente certos e que diferenças reais, não triviais, marcam as raças? O número de casamentos entre negros e brancos é atualmente muito pequeno, da ordem de poucos por cento de todos os casamentos. Será que esse número vai aumentar? Uma crise fará com que todas as minorias racializadas se unam em uma ampla e poderosa coalizão – e, se for o caso, que tipo de crise poderia produzir tal resultado? Suponha que o país sofra um segundo grande ataque terrorista. Como isso afetaria suas previsões?

Questões e comentários para o capítulo VIII

1. Diz-se que a flecha do progresso tanto avança quanto retrocede. Qual dos cenários descritos neste capítulo – ou mesmo em outros – você vê como mais provável para o futuro racial da América?
2. Que papel você vê para teorias políticas de esquerda, como a TCR, nos próximos anos? Qual papel você vê para si mesmo?
3. O filósofo Søren Kierkegaard disse certa vez que estamos condenados a levar a vida para frente e a compreendê-la apenas para trás, ou seja, em retrospectiva. Isso é mais ou menos verdade para as relações entre as raças?[71]
4. A teoria crítica da raça está se expandindo para outros países e disciplinas acadêmicas, tais como os estudos étnicos, a Ciência

---

[71] Ver capítulo 2, discutindo a "falácia da empatia".

Política, os estudos feministas e os estudos americanos. Também a forma como abordamos o crime, a atuação policial e a política de condenações está começando a mudar. O mesmo acontecerá, depois de algum tempo, em outras sociedades como a chinesa e indonésia, e em outras disciplinas, como a Medicina, por exemplo?

5. Dois *crits* (Devon Carbado e Mitu Gulati) destacam que trabalhadores pertencentes a minorias raciais muitas vezes executam um "trabalho extra" investindo muito tempo e energia para provar aos colegas brancos que são exatamente como eles, ou seja, que não são ameaças, que não são imprevisíveis e nem estão escondendo nada, que têm os mesmos interesses que eles, e assim por diante. Suponha uma inversão de papéis, uma situação em que os brancos sejam minoria no local de trabalho. Será que os brancos terão de se preocupar com a "identidade performativa", talvez para garantir aos colegas de minorias raciais que eles também são descolados, legais e musicais?

Sugestões de leitura

BOWEN, William G. & BOK, Derek, *The Shape of the River: Long-Term Consequences of Considering Race in College and University Admissions* (1998).

BROOKS, Roy L., *Atonement and Forgiveness: A New Model for Black Reparations* (2006).

CARBADO, Devon W. & HARRIS, Cheryl, "The New Racial Preferences", *96 Cal. L. Rev.* 1139 (2008).

CUMMINGS, André Douglas Pond, "A Furious Kinship: Critical Race Theory and the Hip-Hop Nation", *48 U. Louisville L. Rev.* 499 (2010).

HOCHSCHILD, Jennifer L., "Looking Ahead: Racial Trends in the United States", *134 Daedalus* 70 (Winter 2005).

HOW Race Is Lived in America (series), *N.Y. Times, June 4, 5, 7, 11, 14, 16, 20, 22, 25, 29; July 2, 6, 9, 13, 2000,* http://www.nytimes.com/race.

OLIVER, Melvin L. & SHAPIRO, Thomas M., *Black Wealth/White Wealth: A New Perspective on Racial Inequality* (2nd ed., 2006).

CAPÍTULO VIII – CONCLUSÃO

ORFIELD, Gary, MARIN, Patricia, FLORES, Stella M. & GARCES, Liliana M. (Eds.), *Charting the Future of College Affirmative Action* (2007).

OUR Next Race Question: The Uneasiness between Blacks and Latinos, *Harper's, April 1996,* at 55.

UCLA SCHOOL OF LAW, Critical Race Studies program, http://www.law.ucla.edu/home/index.asp?page=1084.

WARREN, Elizabeth, "The Economics of Race: When Making It to the Middle Is Not Enough", *61 Wash. & Lee L. Rev.* 1771 (2004).

WILKINS, David E. & LOMAWAIMA, K. Tsianina, *Uneven Ground: American Indian Sovereignty and Federal Law* (2002).

GLOSSÁRIO

Ações afirmativas: política que busca aumentar a inclusão, a participação ou a ação das minorias, geralmente com a intenção de tornar um determinado ambiente, como uma escola ou local de trabalho, mais diverso.

Afrocentrismo: posicionamento intelectual fundado em valores e *ethos* africanos.

Ameaça do estereótipo: tendência de candidatos de minorias raciais a ter mau desempenho quando cientes de que um exame pode confirmar uma imagem social generalizada deles como intelectualmente inferiores.

Americanização: esforço de assistentes sociais para ensinar aos imigrantes os costumes, as dietas e a higiene americana.

Amicus brief: documento de um amigo da corte, geralmente apresentado por alguma organização com interesse no caso.

Analogia imigrante: crença de que grupos minoritários racializados, especialmente latinos e asiáticos, seguirão o mesmo caminho de assimilação que a etnia branca europeia.

Antissemitismo: atitude ou comportamento discriminatório em relação ao povo judeu.

Apagamento: prática de indiferença coletiva em relação à identidade, história e cultura de um grupo, tornando-as invisíveis.

Apartheid: separação oficial entre raças, tal como ocorreu na África do Sul.

Apelidos: termos pejorativos ou calúnias usadas para humilhar outra pessoa ou grupo.

Assimilação: processo de incorporação de traços sociais e culturais da raça majoritária da nação em que se reside.

Barrio: bairro latino.

Bilinguismo: política que enfatiza a preservação das línguas nativas.

Binômio negro-branco: paradigma binário que considera a relação negro-branco central para a análise racial.

Black rage:[72] noção de defesa jurídica, ainda não reconhecida, que sustenta que uma ação criminal decorrente de raiva ou indignação compreensível diante de um ato de racismo deveria ser elegível como fator atenuante.

Branquitude como propriedade: noção de que a branquitude representa um valor para seu possuidor e confere uma série de privilégios e benefícios. Ver também Direitos de propriedade da branquitude.

Branquitude: qualidade relativa ao povo ou a tradições euro-americanas ou caucasianas.

Caminho das Lágrimas: rota utilizada para a remoção forçada de determinadas nações indígenas americanas do Sudeste dos Estados Unidos para terras a oeste do rio Mississippi. Ver também remoções indígenas

Campanhas antidelação: pressões informais para não cooperar com a polícia na investigação de crimes.

Capitalismo: sistema em que as forças de mercado ditam as decisões econômicas e a maioria da propriedade é de caráter privado.

Chicanos/chicanas: autodenominação adotada por muitos americanos de origem mexicana que vivem nos Estados Unidos, geralmente com orgulho.

Cidadania por direito de nascença: condição de cidadania de pessoas nascidas nos Estados Unidos, independentemente da condição legal de seus pais.

Classe intermediária: minorias, normalmente bem assimiladas, educadas e de pele clara, que desempenham tarefas em nome de corporações dominantemente brancas, gerindo outras minorias ou ajudando as corporações a vender produtos para comunidades minoritárias.

Classe: conjunto de indivíduos que compartilham um status socioeconômico semelhante

---

[72] Em tradução literal, "raiva negra". (N.T.)

GLOSSÁRIO

Cláusula de Garantia da Igualdade: parte da Décima Quarta Emenda à Constituição dos Estados Unidos que exige que o Estado trate os cidadãos igualmente.

Códigos de fala universitários: regulamentos de universidades e faculdades que preveem punições para aqueles que insultam ou humilham membros da comunidade universitária.

Colonialismo interno: visão de que alguns grupos minoritários em território nacional, particularmente mexicanos e porto-riquenhos, são, para todos os efeitos, colônias internas dos Estados Unidos.

Colonialismo: esforço europeu para manter o controle das nações mais frágeis; os Estados Unidos adotaram uma política semelhante nas Filipinas, no Caribe e na América Latina.

Comissão para a Igualdade de Oportunidades de Emprego (CIOE): agência federal encarregada de investigar a discriminação por parte de empregadores.

Confinamento: internação forçada de nipo-americanos da Costa Oeste em campos de concentração durante a Segunda Guerra Mundial.

Consciência múltipla: capacidade das pessoas de minorias raciais de perceber algo de duas ou mais maneiras, por exemplo, como membro de seu próprio grupo perceberia e como um branco perceberia. Ver também Dupla consciência.

Construção social: processo de conferir a um grupo ou conceito uma delimitação, um nome ou uma realidade.

Contramajoritarismo: visão de que o sistema de justiça é livre para derrubar leis promulgadas pela maioria que sejam injustas com relação a grupos minoritários.

Contra-*storytelling*: escrita que visa lançar dúvidas sobre a validade de premissas consagradas, especialmente pela maioria.

Controle de constitucionalidade: política em que os tribunais determinam se as leis são constitucionais ou não.

Convênios restritivos: limitação legal sobre o uso ou ocupação do solo, muitas vezes criada pelo proprietário original da casa ou incorporador nos bairros.

Convergência de interesses: tese lançada por Derrick Bell segundo a qual o grupo majoritário só tolera avanços em matéria de justiça racial quando é do interesse dele.

Corrido: canção ou lamento popular latino, que narra uma história de resistência heroica ou corajosa diante do perigo.

Cotas de contratação: política de reservar um certo número de vagas ou empregos para determinados grupos ou pessoas.

Crime de ódio: crime motivado por preconceito baseado em raça, religião, cor, origem nacional, orientação sexual ou outra categoria prevista em lei.

Crisol de raças: metáfora de assimilação que defende a criação de uma nova sociedade a partir da mistura de indivíduos e grupos.

Crítica dos direitos: visão dos estudos críticos de Direito de que os direitos são alienantes, efêmeros e muito menos úteis do que a maioria das pessoas acha.

Décima Quarta Emenda: emenda à Constituição dos EUA que prevê a igualdade de proteção e direito ao devido processo legal.

Defesa cultural: estratégia do Direito Penal que propugna que o crime de um/a acusado/a é aceitável em sua cultura.

Deportação: processo pelo qual pessoas indocumentadas são expulsas para sua nação de origem.

Desconstrução: abordagem intelectual que tem como alvo as interpretações tradicionais de termos, conceitos e práticas, mostrando que eles carregam significados ocultos ou contradições internas.

Dessegregação: política de integração de raças em escolas ou moradias.

Destino Manifesto: ideologia de meados do século XIX, que afirma que a expansão territorial dos EUA é inevitável e justa.

Determinismo estrutural: conceito que afirma que um determinado modo de pensar ou uma prática amplamente generalizada determina certos resultados sociais significativos, geralmente sem nosso reconhecimento consciente.

Determinismo: visão de que os indivíduos e a cultura são produto de forças determinadas, tais como Economia, Biologia, ou a busca de um status elevado.

Direitos de propriedade da branquitude: ideia de que a pele e a identidade brancas possuem valor econômico. Ver também Branquitude como propriedade.

Dirigir enquanto negro: termo que designa a prática policial de abordar motoristas pertencentes a minorias, por exemplo, fazendo-os parar no acostamento para revistar o carro em busca de drogas ou contrabando. Ver também Filtragem.

Discriminação indireta: associação inconsciente de ideias, tais como raça e qualidades pessoais, frequentemente de forma negativa.

Discriminação por sotaque: ocorre quando, por exemplo, um empregador discrimina o trabalhador por este ter um sotaque com características estrangeiras; ou quando se afirma que os falantes nativos do inglês não deveriam se esforçar para entender o inglês com sotaque.

Discriminação reversa: discriminação dirigida ao grupo majoritário.

GLOSSÁRIO

Discriminação: prática de tratar indivíduos de forma diferente em função da raça, gênero, orientação sexual, aparência, ou origem nacional.

Discurso de ódio: insultos e apelidos de conotação racial ou qualquer outra linguagem ofensiva que não tenha outro propósito a não ser o humilhar e marginalizar outras pessoas ou grupos.

Discurso: tratamento formal, abrangente, oral ou escrito de um assunto; a forma como falamos sobre algo.

Dissonância cognitiva: perplexidade diante de algo que foge ao esperado, como um astrofísico negro que ganha o Prêmio Nobel, ou diante de uma inconsistência entre o que se sabe e como se tem agido.

Distinção entre o público e o privado: noção de que muitos tipos de lei operam apenas no setor público, por exemplo, que qualquer pessoa é livre para alugar um quarto de sua casa para quem quiser.

Diversidade: política baseada na convicção de que a presença de indivíduos de diferentes raças e etnias é benéfica em locais de trabalho, escolas e outros ambientes.

Doutrina "separados, porém iguais": princípio que estabelece que a existência de serviços separados mas iguais para raças diferentes são constitucionais nos termos da Cláusula de Igual Proteção.

Doutrina do *plenary power*: enfoque judicial que impede o controle das leis migratórias aprovadas pelo Congresso porque o poder do Congresso nessa questão é ilimitado.

Doutrina jurídica: preceitos legais derivados de uma promulgação legislativa ou manifestação judicial.

Dreamers:[73] filhos de pais indocumentados que viveram a maior parte de sua vida nos Estados Unidos mas não são cidadãos americanos. Sonham em permanecer nos EUA legalmente para, por exemplo, entrar em uma universidade.

Dupla consciência: noção, atribuída a W. E. B. Du Bois, de que os negros são capazes de ver os eventos raciais sob duas perspectivas – a do grupo majoritário e a própria – ao mesmo tempo.

Educação bicultural: abordagem pedagógica que incentiva a preservação da cultura original ou familiar das crianças.

---

[73] "Sonhadores", na tradução literal. (N.T.)

Educação, teoria crítica da raça em: movimento acadêmico que aplica a teoria crítica da raça no campo da Educação, em temas como avaliações de aprendizagem, ações afirmativas, hierarquia nas escolas, acompanhamento e disciplina escolar, educação bilíngue e multicultural, e no debate sobre estudos étnicos e o cânone ocidental.

Essencialismo: busca da essência singular de um grupo.

Estado de direito: formalismo jurídico, que alguns teóricos acreditam ser necessário para a ordem, a estabilidade e a coesão em uma sociedade.

Estereótipo: imagem fixa, geralmente negativa, dos membros de um determinado grupo.

Estigmatização: processo de rotular uma pessoa, coisa ou grupo como objeto de vergonha ou desgraça.

Estrangeiro ilegal:[74] termo pejorativo para trabalhador indocumentado, ou seja, aquele que trabalha nos Estados Unidos sem documentos.

Estudos críticos do Direito: movimento jurídico que desafiou o liberalismo a partir de uma posição de esquerda, negando que o Direito é neutro, que cada caso tem uma única resposta correta e que os direitos são de importância vital.

Etnicidade: característica grupal frequentemente baseada na origem nacional, ancestralidade, língua, ou outra característica ou padrão cultural.

Eugenia: busca por melhorar a qualidade da raça humana através de meios como a esterilização, reprodução seletiva ou extermínio em massa.

Eurocentrismo: tendência a interpretar o mundo em termos de valores e perspectivas europeias; e a crença de que eles são superiores.

Excepcionalismo: convicção de que a história de um determinado grupo justifica tratá-lo como único e especial.

Falácia da empatia: crença equivocada de que uma reforma social ampla pode ser realizada através do discurso e de vitórias incrementais dentro do sistema.

Falsa consciência: fenômeno em que as pessoas oprimidas internalizam e se identificam com as atitudes e a ideologia da classe dominante.

---

[74] Em inglês, *"illegal alien"*. Aqui são os vários significados de *"alien"* – estrangeiro, exótico, extraterrestre, forasteiro, inimigo (*"enemy alien"*) – que dão ao termo sua conotação pejorativa. (N.T.)

GLOSSÁRIO

Filtragem: prática em que as autoridades abordam pessoas que, por pertencerem a minorias étnicas ou raciais, são consideradas altamente suspeitas ou passíveis de detenção. Ver também: Dirigir enquanto negro.

Fraude racial ou *"box checking"*: ação por parte de uma pessoa não pertencente a minoria racial, ou com uma relação muito tênue com um grupo minoritário, para obter benefício do status de minoria, como no caso das ações afirmativas.

Gay bashing:[75] violência ou palavras agressivas dirigidas a gays e lésbicas.

Greaser:[76] termo depreciativo para mexicanos ou *chicanos*.

Green card: carteira de identificação que comprova que um não cidadão possui residência permanente legal nos Estados Unidos.

Guerra Fria: guerra de posição entre os Estados Unidos e a ex-União Soviética iniciada logo após o fim da Segunda Guerra Mundial.

Hegemonia: domínio de uma classe sobre outras e aceitação inconsciente desse quadro pelos grupos subordinados.

Heterossexismo: preferência por relações heterossexuais e visão de que as relações homossexuais não são naturais.

Hipodescedência: *"one-drop rule"* que afirma que qualquer pessoa com algum grau de ancestralidade africana identificável é negra.

Hispânico: termo para pessoas de ascendência ibérica ou espanhola; atualmente é menos utilizado que os termos *"latino"* ou *"chicano"*.

Homofobia: preconceito contra lésbicas e gays.

Identidade birracial: identidade de uma pessoa cuja herança ou cultura engloba mais de uma categoria.

Identidade: aquilo pelo qual alguém define a si mesmo, por exemplo, como heterossexual, universitário, filipino.

Ideologia: conjunto de crenças ou valores fortemente enraizados, relacionados especialmente à forma de governar a sociedade.

---

[75] Em tradução literal, "ataque a gays". (N.T.)

[76] A tradução literal desse termo é graxeiro, o qual refere-se a trabalhador responsável pela lubrificação de máquinas, trens e trilhos, mas em inglês também alude ao ofício de untar peles de animais para posterior manufatura. Ambas as profissões eram típicas dos migrantes mexicanos no século XIX. (N.T)

Igualdade formal: Crença de que o Direito deve proporcionar tratamento e oportunidades iguais para todos.

Imaginário de cor: palavras, textos e imagens de televisão que associam a cor da pele a traços como inocência, criminalidade ou beleza física.

Imperialismo: dominação política e econômica de uma nação ou grupo sobre outra.

Indeterminação: ideia de que o raciocínio jurídico raramente, se é que alguma vez, tem uma única resposta correta e que as pressões políticas e sociais sobre os juízes influenciam nos resultados.

Iniciativa popular: democracia direta pela qual os cidadãos votam a favor das leis, sem a intervenção de seus representantes eleitos.

Integração: processo de dessegregação de espaços, tais como escolas públicas ou bairros.

Interdição de direitos: processo através do qual cidadãos são privados do direito ao voto ou de outros direitos de cidadania, como resultado, por exemplo, de uma condenação criminal (interdição de direitos).

Interpretação revisionista: perspectiva da história ou de um evento que desafia a interpretação geralmente aceita.

Interseccionalidade: ideia de que indivíduos e classes frequentemente têm interesses ou traços compartilhados ou sobrepostos.

Ku Klux Klan: organização supremacista branca criada no século XIX, no Sul dos EUA, que utilizou linchamentos, cruzes queimadas, cortejos e terrorismo para intimidar afro-americanos, mexicanos, católicos e judeus.

Latinos/latinas: pessoas de ascendência latino-americana residentes nos Estados Unidos; às vezes chamadas de "hispânicas".

Legitimidade: qualidade de uma instituição, tal como o Direito, que é vista como justificada e digna de respeito.

Legitimidade: regra que delimita a pessoa que pode mover uma ação para quem sofreu o "dano de fato".

Leis de Exclusão de Chineses: leis federais que impediam trabalhadores chineses de entrar ou reingressar nos Estados Unidos.

Leis de Jim Crow: leis contra a ociosidade, impostos de votação, medidas de segregação e outras medidas geralmente levadas a cabo no Sul dos EUA com o objetivo de manter a superioridade branca mesmo depois do fim da escravidão.

GLOSSÁRIO

Leis dos Direitos Civis: estatutos federais que garantem a não discriminação no emprego, moradia, votação, educação e áreas afins.

Liberalismo: filosofia política que afirma que o objetivo do governo é maximizar a liberdade; nos direitos civis, a visão de que a lei deve garantir a igualdade formal no tratamento de todos os cidadãos.

Majoritarismo: visão de que a cultura e as atitudes da maioria devem prevalecer.

Maquiladoras: fábricas que realizam a montagem final de bens manufaturados, instaladas por corporações americanas em território mexicano para aproveitar a mão de obra barata e as legislações ambiental e trabalhista mais frouxas.

Marxismo: doutrina política, social e econômica de Karl Marx, em particular a visão de que o capitalismo explora os trabalhadores e promove a desigualdade.

Masculinismo crítico da raça: aplicação da teoria crítica da raça à construção de normas masculinas na sociedade.

Medida "para inglês ver": decisão judicial proferida para encobrir um fosso cada vez maior entre nossos ideais e a situação real no mundo, frequentemente produto de injustiças.[77]

Mercado de ideias: noção de que a livre troca de ideias é a melhor forma de promover a verdade e o bom governo.

Mérito: conceito convencional de merecimento criticado pelos estudiosos da teoria crítica da raça, que afirmam ser injusto classificar as pessoas de acordo com escalas mecânicas e distribuir benefícios sociais relevantes a partir desse princípio.

Mestizos/mestizas: pessoa de ascendência mista europeia e indígena, especialmente em países colonizados pela Espanha.

Microagressão: manifestação racista menor, geralmente imperceptível para os membros da raça majoritária.

Mindset: estado de espírito ou comportamento, muitas vezes inconsciente.

Miscigenação: casamento ou união entre indivíduos de raças diferentes, anteriormente proibido por lei quando uma das partes era branca.

---

[77] No original, *"contradition-closing case"*. A tradução escolhida, além de ser de fácil compreensão para o público brasileiro, tem origem nas tentativas do governo brasileiro de acobertamento da continuidade do tráfico de africanos escravizados, o qual foi proibido pela Inglaterra em 1830. (N.T.)

Mito da minoria modelo: ideia de que os americanos de origem asiática são trabalhadores, inteligentes e bem-sucedidos e que outros grupos deveriam imitá-los.

Movimento dos Trabalhadores Rurais: organização liderada por César Chávez nos anos 60 que buscava melhorar as condições de saúde e segurança e as oportunidades de emprego para trabalhadores rurais, incluindo os migrantes.

Movimento *english-only*: movimento que tenta exigir o uso do inglês, somente, nos serviços governamentais, nas votações, nas escolas, entre outros locais.

Movimento pelos Direitos Civis: luta para fazer avançar os interesses das minorias e por uma cidadania igualitária.

Movimento populista: movimento cujo foco são pessoas comuns ou os trabalhadores.

Multiculturalismo: visão de que as instituições sociais devem ser o reflexo de muitas culturas.

Multirracial (categoria): categoria para pessoas com origens raciais mistas que, na opinião de muitas pessoas, deveria ser incluída como opção no Censo dos Estados Unidos.

Multirracial (indivíduo): pessoa cuja ascendência inclui antepassados de diferentes raças.

Nacionalismo: visão de que um grupo minoritário deve se concentrar primeiro em suas próprias questões e interesses.

Nativismo: visão de que os Estados Unidos deveriam dar prioridade a sua cidadania atual e limitar a imigração.

Naturalização: processo de se tornar um cidadão estadunidense.

Negrofóbico: aquele que teme ou odeia irracionalmente afro-americanos.

Neocolonialismo: visão de que a sociedade está assumindo a estrutura de uma sociedade colonial, com um grupo ocupante mantendo o controle sobre um grupo grande e heterogêneo, geralmente não branco.

Neutralidade racial: crença de que se deve tratar todas as pessoas igualmente, sem levar em conta sua raça.

Normativo: relativo a, pertencente a, ou baseado em uma norma, geralmente considerada ampla ou universal.

Nulificação pelo júri: processo pelo qual um júri absolve um réu mesmo que tecnicamente a lei exija a condenação dele.

GLOSSÁRIO

One-drop rule:[78] regra da hipodescendência, que sustenta que qualquer pessoa com ascendência negra identificável é negra e nunca poderá ser branca.

Operação Wetback: política governamental instituída entre 1954–1959, pela qual cerca de 3,7 milhões de mexicanos e americanos de origem mexicana foram deportados, violando suas liberdades civis.

Panteras Negras: organização black power radical criada nos anos 1960 e que rejeitou a integração e a transformação social não violenta.

Paradigma binário da raça: padrão de enquadramento de questões raciais em termos de duas categorias, tais como negro e branco.

Paradigma: sistema dominante de crenças que controla o que é visto como possível, relevante e válido.

Passing:[79] processo de atravessar as fronteiras da própria cor e ser aceito por uma raça diferente da sua.

Patriarcado: sistema de crenças e práticas em que os homens dominam e controlam as mulheres.

Patrulha de Fronteira: agência federal encarregada de policiar a fronteira entre Estados Unidos e México, e entre Estados Unidos e Canadá.

Perspectivismo: crença de que o lugar ou o ponto de vista de uma pessoa ou grupo influencia fortemente a forma como ela vê a verdade e a realidade.

Política de coalizão: união de grupos minoritários na busca de objetivos comuns.

Pós-estruturalismo: crítica do estruturalismo, movimento anterior que buscava determinar os elementos estruturais básicos dos sistemas sociais, especialmente nas Ciências Sociais e comportamentais.

Pós-modernismo: crítica do modernismo, um sistema anterior fundado no pensamento e filosofia do Iluminismo e no capitalismo.

Pós-racial: condição de estar para além da raça; uma época em que a raça já não importa mais.

Preconceito: crença ou atitude, geralmente desfavorável, sobre uma pessoa ou grupo, antes que os fatos sejam conhecidos; um prejulgamento.

---

[78] Em tradução literal, "regra de uma gota só". (N.T.)
[79] "Passagem", em tradução literal. O termo em inglês, porém, já é de amplo uso. (N.T.)

Primeira Emenda: emenda à Constituição dos Estados Unidos que prevê a liberdade de expressão, religião e associação.

Princípio do sacrifício involuntário: noção, atribuída a Derrick Bell, de que os custos dos avanços nos direitos civis sempre recaem sobre negros e brancos de baixa renda.

Privilégio: direito ou vantagem, muitas vezes não escrito, concedido a alguns indivíduos mas não a outros, geralmente sem análise ou boa justificativa.

Programas Bracero: programas governamentais que permitem a entrada de trabalhadores temporários mexicanos, especialmente para a agricultura.

Raça ariana: termo utilizado para caracterizar os brancos descendentes de europeus do Norte, frequentemente usado para insinuar uma supremacia branca.

Raça: noção que afirma a existência de tipos biológicos distintos de seres humanos, geralmente baseada na cor da pele e outras características físicas.

Racialização diferencial: processo pelo qual cada grupo racial e étnico passa a ser visto e tratado de forma diferente pela sociedade dominante.

Racialização: processo de criação de uma raça, como foi o caso dos latinos; também se refere à introdução de um elemento racial em alguma situação. Ver também Racialização diferencial.

Racismo aversivo: comportamento sutil de evitar pessoas de minorias raciais ou de ser formal, correto e frio no trato com elas.

Racismo inconsciente: racismo que opera em um nível inconsciente ou sutil.

Racismo: qualquer programa ou prática de discriminação, segregação, perseguição ou maus-tratos realizados com base no pertencimento a uma raça ou grupo étnico.

Racista razoável:[80] aquele ou aquela que trata membros de outro grupo de forma racista porque acredita que, estatisticamente, eles são mais propensos ao crime ou comportamento similar.

Reação conservadora: reação de algumas pessoas e corporações a conquistas dos direitos civis, muitas vezes incluindo campanhas contra políticas de proteção social, ações afirmativas e imigração.

---

[80] Em inglês, *"reasonable racist"*. (N.T.)

GLOSSÁRIO

Realismo jurídico: precursor, no início do século XX, dos estudos jurídicos críticos, repudiando a jurisprudência mecânica em favor das Ciências Sociais, da política e da apreciação política.

Realismo racial: visão de que o progresso racial é esporádico e que as pessoas de minorias raciais estão condenadas a viver ondas esporádicas de progresso, seguidas por ondas de retrocesso.

Reconstrução: período em que a sociedade tenta corrigir as injustiças raciais de forma consistente e profunda.

Redistritamento: processo de redefinição dos limites geográficos dos distritos políticos para alcançar equidade no processo de votação.

Redlining:[81] política de seguradoras, bancos e financiadores de hipotecas cujo objetivo é não fazer negócio com proprietários ou compradores de casas em áreas nas quais a população é majoritariamente composta por minorias raciais.

Reforma migratória: proposta que visa diminuir a entrada indocumentada, proporcionar um caminho para a cidadania e "controlar nossas fronteiras".

Regiões de fronteira: territórios do Sudoeste dos EUA, que ficam na fronteira com o México e ainda conservam muito da cultura e da influência mexicana.

Relatos hegemônicos: crônicas que um povo costuma aceitar e utilizar para explicar sua realidade social, por exemplo, que os afro-americanos que se esforçarem serão aceitos e bem-sucedidos, ou que os imigrantes mexicanos tomarão os empregos dos negros.

Remoções indígenas: política de transferência de tribos indígenas do Leste norte-americano para terras a oeste do Mississippi, para que os colonos brancos pudessem se apossar de suas terras.

Reparações: formas de compensação, tais como dinheiro, a grupos ou classes de indivíduos que tenham sido lesados.

Segregação: separação de indivíduos ou grupos por raça.

Separatismo: visão de que um grupo racial minoritário deve se separar da sociedade convencional e buscar seus próprios interesses, prioritariamente. Ver também Nacionalismo.

Serviço de Imigração e Naturalização (INS, sigla em inglês): agência federal anteriormente encarregada de aplicar as leis de imigração; suas funções foram agora assumidas pelo Departamento de Segurança Interna.

---

[81] A tradução literal se aproximaria de algo como "traçar uma linha vermelha". (N.T.)

Silenciamento: prática ou discurso que prejudica a capacidade de comunicação de outras pessoas.

Soberania tribal: visão de que as nações e tribos indígenas americanas são entidades políticas separadas (nações) e têm direito de serem tratadas como tal.

Status quo: estado atual, a maneira como as coisas são – geralmente se diz que requer uma boa justificativa para ser alterado.

Storytelling jurídico e narrativa: utilização de histórias, parábolas e relatos em primeira pessoa para compreender e analisar questões raciais.

Subordinação: processo de subjugar um grupo particular de menor importância, através, por exemplo, de discriminação racial, do patriarcado ou do classismo.

Sweatshop:[82] fábricas onde trabalhadores, em geral imigrantes recém chegados ou mulheres do Terceiro Mundo, trabalham em condições precárias e por baixos salários.

Teoria crítica da raça: movimento legal progressista que visa transformar a relação entre raça, racismo e poder.

Teoria crítica feminista da raça: aplicação da teoria crítica da raça a questões relacionadas com as mulheres de minorias raciais.

Teoria crítica gay/lésbica (LGBT) ou teoria crítica *queer*: teoria que situa a orientação e a libertação sexual no centro da análise.

Teoria hip-hop: abordagem sobre a justiça racial que se utiliza de ideias e atitudes da cultura popular, especialmente do rap.

Teoria LatCrit (crítica latina da raça): ramo da teoria crítica da raça que se ocupa das questões relativas aos latinos, tais como imigração, direitos linguísticos e multi-identidade.

Teoria migratória *"push-pull"*: ideia de que os mexicanos vem para os Estados Unidos de acordo com a demanda do mercado de trabalho daqui ou em resposta a condições adversas no México.

Terra nullius: doutrina britânica segundo a qual a terra colonial pertencia à nação colonizadora. Ver também Destino Manifesto.

Título VII: lei federal que trata da discriminação no emprego.

---

[82] Literalmente, "oficinas de suor" em inglês. A decisão pelo termo no original se deve ao seu uso generalizado nesse formato. (N.T.)

GLOSSÁRIO

TLCAN: Tratado de Livre Comércio da América do Norte, que permite o acesso das corporações americanas aos mercados mexicano e canadense.

Trabalhador indocumentado: imigrante americano sem status legal no país.

Trabalhador migrante: indivíduo que se desloca de região em região para encontrar trabalho, especialmente nas colheitas.

Traidor da raça: pessoa branca que se identifica como negra na tentativa de subverter privilégios brancos e pressupostos tácitos que sustentam o racismo.

Transparência: tendência de se disfarçar e de se tornar invisível da branquitude.

Vigilante: indivíduo que se propõe a aplicar a lei por conta própria e sem autorização oficial, por exemplo, vigilantes de fronteira.

Visão biológica da raça: visão, outrora popular, de que a humanidade está dividida em quatro ou cinco grandes grupos que corresponderiam a diferenças físicas objetivas e reais.

Votação cumulativa: reforma eleitoral que permite aos eleitores emitir tantos votos quanto o número de cargos em disputa, podendo concentrá-los em uma só pessoa, se assim o desejarem.

Voz: capacidade de um grupo, como o afro-americano ou o das mulheres, de articular experiências de forma singular.

WASP:[83] termo que designa pessoas de ascendência branca, anglo-saxônica e protestante.

---

[83] Em inglês, é a sigla para *White, Anglo-Saxon and Protestant*. (N.T.)

NOTAS

NOTAS

A Editora Contracorrente se preocupa com todos os detalhes de suas obras! Aos curiosos, informamos que este livro foi impresso no mês de junho de 2021, em papel Pólen Soft 80g, pela Gráfica Copiart.